LETTRES
SUR
LES ÉTATS-UNIS
ET
L'EXPOSITION INTERNATIONALE
DE PHILADELPHIE

PUBLIÉES

Dans le Journal le PETIT MARSEILLAIS

PAR

PAUL BOUDE

De la Maison A. BOUDE & FILS, de Marseille

MARSEILLE
IMPRIMERIE ET STÉRÉOTYPIE T. SAMAT
15, Quai du Canal, 15

1876

LETTRES
SUR
LES ÉTATS-UNIS
ET
L'EXPOSITION INTERNATIONALE
DE PHILADELPHIE
PUBLIÉES
Dans le Journal le Petit Marseillais
PAR
PAUL BOUDE
De la Maison A. Boude & Fils, de Marseille.

MARSEILLE
IMPRIMERIE ET STÉRÉOTYPIE T. SAMAT
15, Quai du Canal, 15

1876

LETTRES
SUR
LES ÉTATS-UNIS
ET
L'EXPOSITION INTERNATIONALE
DE PHILADELPHIE

I

DU HAVRE A PHILADELPHIE

Plymouth, le 6 Mai 1876.

Mon cher Directeur,

Nous avons quitté le Havre ce matin à huit heures, sur le magnifique steamer l'*Amérique*, capitaine Pouzols.

A la sortie du port nous étions tous sur le pont pour revoir une dernière fois nos amis qui, après nous avoir dit adieu, étaient venus se grouper sur la grande jetée. Des deux côtés c'était comme une forêt de têtes ; nous agitions nos chapeaux : on nous répondait en agitant les mouchoirs, et le navire poussé par la vapeur et par une légère brise, s'éloignait majestueusement, toutes voiles dehors, après avoir salué de deux coups de canon la terre de France.

Toute la commission française est à bord. Il y a aussi les jurés belges, russes et italiens; la Compagnie Transatlantique a offert, hier soir, un banquet à tout le jury; de nombreux toasts ont été portés et notamment par M. Du Sommerard, commissaire général des expositions internationales, qui a bu à l'heureuse traversée de l'*Amérique*, et qui a parlé en termes éloquents de la prochaine exposition universelle qui aura lieu à Paris en 1878.

Parmi les jurés français qui se rendent à Philadelphie, je citerai notre charmant ami Louis Simonin, qui s'est tant occupé des États-Unis et qui a si profondément étudié l'industrie et le commerce du Nouveau-Monde; M. Kulhmann fils, un des plus grands industriels du département du Nord, dont le père préside depuis de nombreuses années le syndicat des fabricants de produits chimiques de France; M. Martell, que son excellent cognac a rendu populaire dans l'univers et dans mille autres lieux, car les dieux de l'Olympe, fatigués du nectar dont ils font usage depuis si longtemps, l'ont assurément remplacé par la fine-champagne de la maison Martell.

Nommons encore MM. Dietz-Monin, Châtel de Lyon, Fouret de la maison Hachette, le marquis de Rochambeau, dont l'aïeul a si vaillamment combattu pour l'indépendance américaine aux côtés de Lafayette, de Bucy, Levasseur, membre de l'Institut, le sculpteur Bartholdi, qui a eu l'idée d'édifier dans la rade de New-York un monument consacrant à jamais la date de l'indépendance des États-Unis, un phare couronné par une statue colossale qui représentera « la Liberté éclairant le monde. »

Il y a bien des noms que je ne connais pas encore, mais je les connaîtrai bientôt.

On dirait que l'intimité est une conséquence forcée de l'isolement, si toutefois on peut se considérer comme isolé quand on navigue sur un de ces admirables paquebots qui ressemblent à une ville flottante ; on sent déjà comme un courant sympathique, et si Neptune veut bien nous regarder d'un œil favorable, le voyage sera charmant : dans dix à douze jours, quand nous débarquerons à Philadelphie, nous croirons revenir d'une partie de pêche.

Pour le moment, tout nous sourit : le ciel est aussi bleu que celui de notre Provence ; la mer est si calme qu'on prendrait la Manche pour une *calanque* : nous filons douze nœuds.

Nous relâcherons ce soir, à 11 heures, à Plymouth, pour y prendre le courrier, mais, sur la demande de M. Du Sommerard, la Compagnie Transatlantique a consenti à ce que l'*Amérique*, ne restât pas plus d'une heure dans ce port. Le commissaire général est plein d'égards pour ses chers voyageurs : il sait que le jury va dans le pays où le « *times is monney* » et il veut que nous arrivions vite ; c'est peut-être même à sa sollicitude que nous devons le beau temps qui nous favorise. Dans 25 ou 30 jours vous recevrez ma seconde lettre : elle vous donnera des détails sur notre traversée, sur mes premières impressions. Les lettres suivantes vous parleront de la grande exposition de Philadelphie, car, pour répondre à la mission que vous avez bien voulu me confier, je me propose de vous soumettre les réflexions que me suggèreront toutes les merveilles réunies dans le parc de Fairmount. Le spectacle que va nous offrir un grand peuple qui a fondé son existence sur le travail et la liberté ne saurait être indifférent à notre laborieuse cité : le commerce et l'industrie de Marseille peuvent y trouver d'utiles enseignements.

II

Philadelphie, le 19 Mai 1876.

Depuis ma première lettre datée de Plymouth, c'est-à-dire depuis douze jours, je n'ai plus eu le plaisir de vous donner de mes nouvelles, et pour cause ; dans ce siècle de progrès où nous avons vu des choses si extraordinaires, où l'on peut en quelques secondes se parler d'un bout du monde à l'autre, on n'a pas encore trouvé le moyen d'établir des boîtes aux lettres ou des bureaux télégraphiques au milieu de l'Océan ; mais il ne faut désespérer de rien, et cela viendra peut-être un jour... ou l'autre.

Le temps merveilleux que nous avions en quittant le Havre nous a suivis jusqu'au bout ; pas le moindre nuage, pas le moindre cyclone : ni abordage, ni montagne de glace descendant du pôle nord ; le brouillard traditionnel des parages de Terre-Neuve s'était lui-même dissipé pour nous laisser passer. Des passagers, qui ont fait cette traversée plus de trente fois (il y en a, bien que cela puisse nous paraître surprenant à nous Français, qui n'avons pas l'humeur voyageuse), m'ont affirmé n'avoir jamais vu l'Océan si tranquille.

Si je regrette presque cette uniformité au point de vue des faits divers, je m'en félicite sous bien d'autres rapports ; elle nous a permis de passer notre temps fort agréablement et de faire honneur, plusieurs fois par jour, à l'excellente table que la Compagnie Transatlantique sert à ses passagers.

Le 17 mai, à 11 heures du matin (5 heures du soir à Paris), nous avons aperçu le cap May et l'entrée de la Delaware. La rivière est immense à son embouchure : à mesure qu'on avance, les rives se couvrent de bois au milieu desquels on voit se dessiner, de distance en distance, des villages et des villes ; des flottes de bateaux, grands et petits, sillonnent la Delaware et sont comme les avant-coureurs de cette activité américaine que nous allons bientôt pouvoir constater de nos propres yeux.

A 7 heures du soir, nous jetions l'ancre devant le port de Philadelphie : nous étions arrivés, mais, grâce aux formalités de la santé et de la douane, nous n'avons pu mettre pied à terre que le lendemain matin.

Bousculé, poussé sur les quais, je me suis trouvé, je ne sais comment, au Continental-Hôtel, immense halle où l'on est très-mal, car le service y est encore plus difficile qu'au Grand-Hôtel de Paris.

Philadelphie, fondée en 1701 par William Penn, s'étend entre deux fleuves, la Delaware et la Schuylkill ; elle compte aujourd'hui plus de 800,000 habitants ; c'est une vaste ville, symétriquement coupée par de larges avenues.

C'est après bien des discussions qu'elle a été appelée à l'honneur de voir célébrer dans son enceinte la grande fête du centenaire, et pourtant, c'était justice, car si Philadelphie n'est que la seconde ville des États-Unis par la population, elle est certainement le plus grand centre industriel de l'Union ; de plus, c'est à Philadelphie même que sonna le premier signal de l'indépendance américaine

Il y a quelques jours à peine que le président Grant a solennellement ouvert l'exposition ; la ville est encore en fête ; des drapeaux à toutes les fenêtres, partout des omnibus, des voitures, des tramways dont les *cars* portent vers le parc de Fairmount des flots de visiteurs.

Le parc de Fairmount est situé au nord-ouest de Philadelphie : il occupe une superficie de 2,400 acres ; la rivière de Schuylkill le traverse dans toute sa longueur. C'est là que s'élèvent les nombreux bâtiments de l'exposition, dont les cinq principaux sont : le *main-building* ou édifice principal, d'une architecture moresque, le bâtiment des machines, celui de l'horticulture, celui de l'agriculture et enfin celui des beaux-arts, construit en pierres de taille, de style grec et romain.

L'installation des exposants est bien avancée ; la France n'est pas tout à fait prête, mais peu s'en faut; d'ailleurs, comme vous devez bien le supposer, je n'ai pas encore eu le temps de me rendre compte des travaux intérieurs : je n'ai visité qu'une seule fois les bâtiments de l'exposition et une grande partie de cette visite a été employée à vous écrire cette lettre que je fais sur place, séance tenante, dans le bureau de la commission française.

Permettez-moi de ne pas m'étendre plus longuement pour aujourd'hui : je suis encore ahuri ; j'ai besoin de me reconnaître, de me familiariser avec cet immense pays, avec ce bruit, ce mouvement, cette agitation dont on ne se fait pas une idée même dans les bureaux du *Petit Marseillais*.

III

Philadelphie, 27 *Mai* 1876.

JE n'ai pas été très tendre pour le Continental-Hôtel dans ma dernière lettre ; j'ai eu tort, car le *Petit Marseillais* est tellement répandu qu'il pourrait bien tomber sous les yeux de quelque actionnaire de ce vaste établissement, et comme, dans ce pays de gens pratiques, tout se traduit par de l'argent, je serai désolé qu'on vous demandât des dommages-intérêts ; je vais donc essayer de réhabiliter le Continental-Hôtel.

C'est un édifice qui renferme un millier de chambres ; *le hall* ou vestibule ressemble à un passage de Paris, ou plutôt à un immense bazar ; on y trouve les bureaux de l'administration, la caisse, un vestiaire, des marchands de cigares et de journaux, des bureaux télégraphiques, un café où chacun consomme debout pour ne pas perdre de temps, un coiffeur, un papetier, des lavabos, un tailleur, un ascenseur qui, de cinq heures du matin à minuit, transporte continuellement des voyageurs du rez-de-chaussée au cinquième étage, une salle de billards, deux grandes salles à manger remplies de tables servies par des nègres, des agences où l'on parie sur les séries de carambolages qui se font à l'autre extrémité de la ville et même dans d'autres États de l'Union ; là on se heurte, on se coudoie, on se bouscule, on crie : le bruit que nos agents de change font à la corbeille les jours de grande fluctuation, n'est qu'un simple bourdonnement de moucheron en comparaison de tout ce tapage.

C'est fort curieux à voir, fort intéressant à entendre un instant, mais c'est bien incommode pour les gens qui veulent dormir au moins une partie de la nuit : aussi, fuyant ce nouveau genre d'enfer inventé par les Yankees, sommes-nous allés, Simonin, le commandant Perier et moi, nous loger dans une maison particulière, Spruce-Street 1123.

Ce numéro pourrait vous faire supposer que nous sommes relégués dans quelque faubourg très éloigné : il n'en est rien ; nous habitons presque le centre, car, à Philadelphie, chacun a sa maison et ce genre de construction contribue à donner à la ville une plus vaste étendue.

De chez moi à Fairmount-Parc, il y a une bonne heure de chemin ; les voitures coûtent ici deux à trois dollars par heure ; il ne faut donc pas songer à s'offrir le luxe d'une voiture plusieurs fois par jour, à moins d'avoir eu la chance d'hériter des Astor et des Stewart, ces deux colons qui arrivèrent aux États-Unis sans fortune, et qui ont laissé en mourant près d'un milliard ; malheureusement, ces Messieurs, peu soucieux de jouer pour moi le rôle d'oncles d'Amérique, ont négligé de me coucher sur leur testament. Quant aux *cars*, ils sont inabordables, à moins de connaître la gymnastique comme Léotard : les tramways américains ne sont pas soumis à un règlement comme les nôtres, ils empilent les voyageurs : il y a du monde à l'intérieur, à l'extérieur, sur le marchepied ; on y est assis, debout, suspendu, accroché : peu importe.

Aussi les jours où je vais à l'exposition, j'y reste jusqu'au soir.

Je vous ai déjà dit quelle est la disposition des bâtiments élevés sur les terrains du parc. Si vous le voulez bien, nous pénètrerons ensemble dans la *main-building* et nous y passerons quelques instants ; c'est là que sont groupées les richesses industrielles du monde entier : une avenue centrale traverse d'un bout à l'autre la nef de cette immense galerie longue de 1,800 pieds.

Au milieu même de la nef se trouve une sorte de pavillon décoré de statues qui représentent les cinq parties du monde ; les issues que l'on a autour de soi donnent accès dans chacune des sections des quatre grandes nations industrielles : les Etats-Unis, l'Angleterre, la France et l'Allemagne.

Les autres pays sont placés çà et là sans ordre

géographique, comme des seigneurs sans importance ; on y voit la Hollande, entre le Mexique et le Brésil, la Suède au milieu des républiques de l'Amérique du Sud.

Les États-Unis occupent la plus large place, plus du quart de la surface totale du *main-building*. L'industrie a fait en Amérique d'immenses progrès depuis une quinzaine d'années ; aussi la section américaine est-elle remarquable : on y voit à peu près tout ce qui se fabrique en Europe.

L'Angleterre a fait magnifiquement les choses ; elle n'a rien épargné pour éclipser l'Amérique : son exposition est la plus complète.

La France eût pu mieux faire : néanmoins la section française est encore très-brillante : les produits exposés sont très-nombreux et très-beaux : soieries resplendissantes, merveilles de céramique, chefs-d'œuvre d'ébénisterie, de joaillerie, de bijouterie, de dentelles, produits chimiques, etc., etc.

J'ai remarqué plusieurs maisons de notre ville : Charles Roux (savons) ; James Plagniol (huiles) ; A. Boude et fils (soufres raffinés) ; Mottet (parfumerie) ; Bubaton (produits chimiques) ; Trichaud (produits céramiques). Je me propose d'ailleurs de revenir plus tard sur ces expositions marseillaises.

Le gouvernement des États-Unis est protectionniste ; la nécessité de se suffire à soi-même, jointe au caractère audacieux des Américains, a fait créer en peu de temps, dans cet immense pays, de nombreuses et importantes usines. Mais si la prohibition a eu son bon côté au point de vue du développement industriel, on ne saurait en dire autant au point de vue du commerce international, et c'est peut-être à cela qu'il faut attribuer le grand nombre des abstentions françaises à l'exposition de Philadelphie.

Maintenant que l'Amérique est devenue une nation véritablement industrielle, pouvant lutter avec l'Europe, il serait à désirer qu'elle entrât enfin dans la voie du libre-échange ; un grand parti s'agite ici dans le sens de cette réforme, mais, tant que les *républicains* seront au pouvoir, il est douteux que les droits exorbitants qui frappent les produits étrangers soient supprimés ; l'avénement des *démocrates* offrirait plus de chance ; il ne faut donc pas désespérer, car dans ce pays où l'on change si souvent les gouvernants, sans toucher au principe du gouvernement, une révolution de ce genre peut être facilement accomplie d'un moment à l'autre.

Mercredi a eu lieu la première réunion générale de tous les membres du jury ; ils sont 250, moitié pour les États-Unis, moitié pour les autres pays. Il y a eu des discours prononcés par le général Hawley, par M. Goshorn, directeur de l'exposition ; puis on a *lunché*, la musique jouait la *Marseillaise* et le *God save the queen*, pendant que le champagne coulait à longs flots.

Il ne sera donné qu'un seul genre de médaille, comme à Londres ; on avait d'abord fixé la distribution des récompenses au 4 juillet, jour du centenaire, mais on parle de la retarder. Toutefois le jury devant fonctionner immédiatement, j'espère qu'il aura terminé son travail assez tôt pour que la date, primitivement fixée, puisse être maintenue ; dans ce cas, j'aurai le plaisir d'assister à cette solennité et d'y entendre certainement proclamer le nom de plusieurs de nos compatriotes.

IV

Philadelphie, 4 Juin 1876.

C'est aujourd'hui dimanche, et, dans ce pays de toutes les libertés, on n'est pas libre, ce jour-là, de faire ce qu'on veut ! les Américains observent le jour du Seigneur encore plus rigoureusement que les Anglais; tout est fermé, tout absolument, et il serait bien difficile de trouver même un verre de bière. Sans crainte d'être accusé d'exagération, je vous avouerai qu'un étranger serait exposé à mourir de faim s'il ne prenait la précaution de commander son dîner la veille, à moins toutefois qu'il ne frappe à la porte d'un restaurant français.

Et fort heureusement, il y en a plusieurs : le meilleur est celui des *Trois-Frères-Provençaux* établi sur les terrains mêmes du *Centennial* et tenu par M. Verdier, propriétaire de la Maison Dorée de Paris ; là, après vous être fait servir le repas d'un honnête homme, quand arrive la carte à payer, sortez vos trois dollars — un pour chaque frère — et n'attendez jamais la monnaie de vos pièces.

C'est cher, mais on s'en console en pensant qu'on paierait tout autant dans un restaurant américain et qu'on aurait de plus l'inconvénient de sortir de table en proie à d'affreux tiraillements d'estomac ; ajoutez à cela que l'enseigne rappelle notre belle Provence et qu'on lâche plus volontiers son argent à des gens qui s'intitulent vos compatriotes, fussent-ils même de faux Provençaux.

Passez-moi cette petite digression en faveur de ce bon M. Verdier, qui, pour la joie des étrangers, et particulièrement des Français, a eu l'excellente idée de créer ici une succursale de sa Maison de Paris, et revenons à mon point de départ.

Je disai donc que c'est aujourd'hui dimanche. Que faire un pareil jour aux États-Unis ?

Aller à l'église ! — Les églises seules sont ouvertes et certes je n'aurais que l'embarras du choix, car elles sont nombreuses. En Amérique, la liberté des cultes est absolue : le premier venu a le droit de fonder une religion, de bâtir un temple, d'y débiter sa foi et sa morale : c'est une industrie comme une autre ; mais, comme au milieu de tant de sectes diverses, il me serait bien difficile de discerner quelle est la meilleure, au risque de passer pour un athée, je renonce à aller à l'église.

Je pourrais me promener, — ce n'est pas l'espace qui manque ; Philadelphie, qui, après Londres, est la plus grande ville du monde, s'étend sur une longueur de 32 kilomètres, plus de la distance de

Marseille à Aix : elle compte 152,000 maisons et de fort belles rues : *Chesnutt*, qui est le boulevard, *Valnutt*, *Broad*, *Markett street*, etc..., mais les rues, fussent-elles encore plus larges, encore mieux bâties, offrent peu d'intérêt quand tous les magasins sont fermés et quand on n'y rencontre presque personne. Du reste, elles sont affreusement pavées : cela vient de ce qu'elles sont sillonnées de toutes parts par les rails des tramways et des chemins de fer, car il y a des chemins de fer dans les rues, et de véritables ! Une cloche, suspendue à la locomotive et continuellement mise en branle, avertit les promeneurs du passage du train, et c'est à ceux-ci de se garer, s'ils le veulent bien ; aucune autre précaution ne les protége.

Ce qui contribue encore au mauvais état des rues, c'est le défaut d'entretien ; un des plus sûrs moyens d'arriver ici à la fortune, c'est d'être nommé entrepreneur de la voirie ; au bout de deux ans de cette sinécure, on se retire des affaires avec un million de dollars. Parmi toutes les libertés dont jouissent les américains, s'il en est une qui pourrait facilement être supprimée, c'est bien celle qui consiste à s'enrichir ainsi au préjudice de l'agrément des promeneurs, de la sécurité des chevaux et des voitures ; après tout, les carrossiers, les maquignons et les pédicures ne s'en plaignent-ils peut-être pas, ce qui prouve que toujours à quelque chose malheur est bon.

Mais, pour moi, qui n'ai pas de raison de me réjouir du pavage défectueux de la ville de Philadelphie, j'ai préféré ne pas me promener aujourd'hui. Je reste donc chez moi, non point pour y lire la Bible, comme le font presque tous les Américains, mais pour vous écrire cette lettre, et en cela je viole encore le repos du dimanche, car le thermomètre marque 35 degrés, et, par cette chaleur, penser serait déjà un véritable travail ; à plus forte raison, écrire.

Je vous ai donné dans ma précédente lettre la disposition intérieure du *main-building* où sont réunis tous les produits industriels, et je vous ai dit la place qu'y occupent les diverses nations ; nous laisserons aujourd'hui le bâtiment principal avec son orchestre, ses grandes orgues et ses 40,000 visiteurs quotidiens, nous réservant d'y revenir lorsque nous parlerons des produits qui intéressent Marseille, et nous ferons une rapide inspection des autres parties de l'exposition.

Je ne veux certes pas vous énumérer tout ce que renferme cette exposition dont l'enceinte a un développement de 5 kilomètres et qui compte plus de 150 constructions annexes ; il faudrait un mois entier pour la visiter consciencieusement. Je ne vous entretiendrai donc que des grands bâtiments.

La galerie des beaux-arts, *Mémorial Hall*, est un édifice en granit, fer et verre, à l'abri du feu : il doit être conservé comme souvenir du premier centenaire. Je me garderai de juger les œuvres qui y sont exposées; je ne suis pas assez connaisseur pour cela, mais je crois cependant pouvoir affirmer que l'ensemble n'est pas merveilleux et que, dans tous les cas, ce ne sera pas l'Amérique qui y remportera la palme. Les Américains, préoccupés avant tout des besoins matériels, ont jusqu'ici complétement négligé le côté artistique ; le plus beau tableau est encore pour eux le dollar.

Le bâtiment de l'agriculture est assurément le moins bien réussi sous le rapport de l'architecture ; on a eu la malencontreuse idée de chercher à imiter le style gothique et on a créé tout simplement un style grotesque. Les dimensions de ce monument sont de 826 pieds de long sur 540 de large : les richesses agricoles que l'Amérique y a étalées sont innombrables ; on devait bien s'attendre à des prodiges d'agriculture de la part de ces colons qui ont pu développer leur activité jusqu'aux dernières limites du *Far-West*, au milieu de plaines arrosées par les plus beaux fleuves du monde et dans un pays si bien favorisé par la nature.

Le pavillon de l'horticulture, construit en pierres et en briques rappelle le style moresque du *main-building*, avec un peu plus de coquetterie cependant; au nord et au sud sont de vastes serres chaudes : un escalier doré conduit du vestibule aux galeries supérieures d'où se déroule un splendide panorama ; de là l'œil embrasse toute l'exposition.

Enfin la galerie des machines, *Machinery-Hall*, est un vaste hangar de 1402 pieds de long sur 360 de large : tout y est mis en mouvement par un seul moteur, le moteur Corliss, immense machine à vapeur qui pèse 900,000 kil. et a une force de 2800 chevaux.

En mécanique les Américains n'ont pas de rivaux : ils ont poussé cet art aussi loin que possible. Qui n'a pas entendu parler de ces étonnantes machines de Chicago et de Cincinnati dans lesquelles plusieurs milliers de porcs sont chaque jour tués, ébouillantés, pelés, dépécés, salés, et du même coup transformés en jambons, boudins et saucisses? Jusqu'ici, les express de la ligne du Pacifique avaient mis sept jours à franchir la distance qui sépare New-York de San-Francisco, et qui est de 1325 lieues environ ; eh bien, un nouveau train, que les Yankees ont à juste titre surnommé l'*Éclair* ou la *Flèche*, fait aujourd'hui cet immense trajet en trois jours et demi, avec une vitesse de 72 kilomètres à l'heure : pour 2,500 francs on vous porte à San-Francisco, on vous héberge, on vous nourrit pendant une semaine dans un des meilleurs hôtels et on vous ramène à New-York. Je vous avoue que c'est bien tentant !

Les locomotives, dans ce pays où tout le monde veut arriver vite, ne s'arrêtent même plus pour faire de l'eau : lancées à toute vitesse, elles traversent des réservoirs où elles s'alimentent sans perdre une seconde.

Mon intention est de vous dire tout ce que je vois, de vous faire part de toutes mes impressions, bonnes ou mauvaises ; je ne suis pas venu ici avec une admiration préconçue, mais je dois me garder aussi de ce sentiment exagéré qui nous rend, nous Français, trop souvent injustes pour tout ce qui ne vient pas de nous, pour tout ce qui ne se fait pas chez nous. Vous avez dû remarquer que jusqu'ici je me suis abstenu de formuler une opinion sur l'exposition de Philadelphie : j'ai voulu voir, j'ai tenu à me rendre compte ; mais à présent que j'ai eu le temps, sinon de descendre dans les détails, du moins de bien étudier l'ensemble de ce spectacle, je n'hésite pas à déclarer que cette exposition est une des plus belles et assurément la plus grande qu'on ait vue jusqu'à ce jour.

Elle ne sera dépassée que par celle qui doit avoir lieu à Paris en 1878, si les douceurs de la paix nous permettent, comme je l'espère, de nous y préparer avec le calme et le recueillement qui sont indispensables à ces manifestations universelles de l'intelligence et du travail.

V

Philadelphie, 13 *Juin* 1876.

CE que je vous ai dit dans ma dernière lettre sur la façon dont les Américains observent le repos du dimanche a pu paraître invraisemblable à quelques-uns de vos lecteurs ; soyez pourtant bien persuadé que je n'ai rien exagéré ; je suis resté, au contraire, bien au-dessous de la vérité, car, je dois encore ajouter que les chemins de fer, sur certaines lignes, suspendent leur marche le dimanche, que les théâtres, s'ils ouvrent leurs portes ce jour-là — ce qui est rare — sont obligés de donner à leurs affiches une étiquette religieuse : on annonce, sous le titre de concert sacré, la *Grande Duchesse*, la *Timbale d'Argent* ou toute autre folie du même genre ; enfin, on n'a pas la liberté de jouer du piano chez soi, et, dans certaines villes, il est défendu de fumer dans la rue ! Les Yankees s'en consolent en chiquant, usage très répandu ici, même dans le meilleur monde !

Je sais qu'en toute chose, il ne faut pas considérer seulement le côté ridicule : il convient, surtout quand il s'agit, comme dans ce cas, d'un peuple intelligent, de rechercher si des mœurs qui, de prime abord, nous paraissent absurdes, n'ont pas au fond leur raison d'être; or, ce repos du dimanche, pratiqué si rigoureusement aux États-Unis, a certainement une cause sérieuse, un côté utile : l'activité fiévreuse, dévorante, de ce peuple a besoin de rencontrer, au moins une fois par semaine, une barrière devant laquelle elle est contrainte, malgré elle, de s'arrêter et de se calmer : c'est de l'hygiène. Malheureusement les meilleures institutions engendrent quelquefois des abus, surtout quand le fanatisme religieux s'en mêle.

Il est bien évident qu'on va trop loin, qu'on dépasse le but; ainsi, à l'instigation des quakers, des méthodistes et autres puritains de la Pensylvanie, on a décidé que l'enceinte de l'exposition serait fermée le dimanche. C'est une mesure qui peut avoir les conséquences les plus désastreuses dans la liquidation des comptes de la commission du centenaire.

Il existe, du reste, dans les mœurs des Américains, bien des anomalies, bien des contrastes difficiles à expliquer; comment comprendre, par exemple, que des gens si affairés, si positifs, si pratiques aient un goût si prononcé pour les excentricités?

Il y a quelques années le fameux Barnum avait bâti, à New-York, un immense cirque; là, entre autres choses, il devait montrer je ne sais quelle bataille avec grand luxe de mise en scène et grand développement de forces militaires. Dans cette mêlée paraissait Napoléon 1ᵉʳ. Chez nous on se serait contenté du premier figurant venu, mais il fallait plus à Barnum : il voulait absolument un sosie de Napoléon. Après avoir longtemps cherché, il rencontra le sosie demandé ; le suivre, connaître son domicile et frapper à sa porte, fut l'affaire d'un instant, mais comme notre homme était, paraît-il, à son aise, il se soucia peu de venir parader en public et refusa, tout d'abord, les propositions de Barnum ; celui-ci, sans se décourager, revint à la charge, insista, offrit un prix plus élevé. Le moyen de ne pas se laisser tenter par une somme ronde, surtout quand on est Américain? Le marché fut donc conclu et les Yankees accoururent en foule pour voir le grand Napoléon qui défilait devant les spectateurs et empochait, pour ce rôle muet, des appointements de ministre, peut-être 100 dollars par soirée.

L'an dernier, dans ce même cirque Barnum, on voyait un individu qui avait parié de parcourir, aussi vite qu'un cheval lancé au galop, une distance donnée ; cette distance était considérable ; cet homme incroyable tournait sans cesse dans l'arène, il mangeait en marchant, ses pieds étaient ensanglantés et, quand la fatigue ralentissait sa marche, il se faisait fouetter, puis reprenait sa course vertigineuse ; il ne s'étendait sur un lit, préparé tout exprès, que lorsqu'il tombait exténué, et encore ne prenait-il jamais plus d'une heure de repos ; cet exercice durait plusieurs jours et la salle ne désemplissait pas ; les Yankees étaient là en foule pointant les milles parcourus, calculant le temps employé et se livrant entre eux aux paris les plus fantastiques ; c'était dans tout New-York le *great attraction*.

Pour les artistes, on mesure, en général, leur talent au chiffre de dollars qu'ils reçoivent ; Offenbach conduit en ce moment, à New-York, un orchestre de cent musiciens, choisis parmi les premiers solistes des capitales de l'Europe ; eh bien, sans vouloir en rien atténuer le mérite du maëstro dont les gais refrains ont fait le tour du monde, je peux vous affirmer que son immense succès, en Amérique, tient surtout à ce que les Américains savent qu'il touche mille dollars par soirée.

Ce goût des excentricités, cette singulière manière d'apprécier les arts et les artistes faisaient craindre que l'exposition ne fût pas prise au sérieux : les Yankees, surtout ceux des pays éloignés des grands centres industriels et commerciaux, pouvaient croire qu'il s'agissait d'une exhibition de curiosités et de monstruosités. En effet, dès le début, la commission a reçu les propositions les plus extravagantes : celui-ci voulait exposer son fils, horriblement difforme : celui-là amenait un bœuf colossal, cet autre offrait une collection de chaises sur lesquelles s'était assis chacun des généraux de l'armée des confédérés du

Sud. Mais, heureusement, toute idée de progrès fait vite son chemin chez ce peuple étonnant. Chaque citoyen a compris qu'on ne le conviait pas à une foire de saltimbanques, mais bien à un vaste concours des travaux de l'intelligence, et l'exposition a pleinement réussi.

Je vous ai dit qu'il me serait impossible de vous parler de tout ce que renferme Fairmount-Park ; il est cependant certaines parties de l'exposition qu'il me serait difficile de passer sous silence, et je dois une mention spéciale aux sections de la Chine et du Japon, devant lesquelles on est forcé de s'arrêter à l'entrée du *main-building*.

Ces deux pays ont envoyé à Philadelphie une collection complète de leurs productions naturelles, industrielles et artistiques.

On entre dans la section chinoise en passant sous un magnifique portique en bois dur, sculpté et peint, véritable chef-d'œuvre de patience et d'architecture ; au fronton, on lit : *Ta-Shing-Lo*, ce qui, d'après ce que je me suis laissé dire, signifie : Céleste-Empire.

L'intérieur représente une pagode ; les vitrines sont d'une incomparable originalité : on y voit des laques admirables, des broderies d'une richesse sans pareille, des tapisseries, des porcelaines à rendre fous nos collectionneurs, des bronzes artistiques, des cuivres émaillés, des ivoires habilement fouillés, des étoffes de satin aux nuances les plus variées et des crêpes de Chine qui font rêver les jeunes ladies : c'est un assemblage de toutes les couleurs les plus vives, les plus éblouissantes, et, en même temps, les plus fines et les plus délicates.

Au fond du pavillon se trouve une petite construction en bois ciselé et doré dont les panneaux représentent des scènes de la vie chinoise.

L'exposition japonaise, que l'on supposerait être à peu près semblable à celle de la Chine, en diffère beaucoup, au contraire ; on dirait qu'on a pris à tâche d'y remplacer l'agréable par l'utile. Si l'on peut en juger par leurs expositions, les Chinois sont moins sérieux que les Japonais ; les premiers se bornent à charmer les yeux, les seconds attirent et fixent les esprits chercheurs et observateurs.

Les vitrines japonaises sont plus simples ; elles sont remplies d'objets d'un fini incroyable ; comme en Chine, les porcelaines et les laques abondent ; mais les bronzes occupent une plus large place, viennent ensuite les cuivres repoussés, les vases craquelés et cloisonnés sur lesquels se précipitent les visiteurs, malgré les nombreux dollars que les exposants en demandent. On remarque aussi de fort belles soieries, des articles d'ameublement, des écailles, des cuirs tannés d'une extrême souplesse, des objets en papier mâché, des plateaux incrustés d'or, d'ivoire, d'argent, de pierres précieuses et couverts de camées. Les diverses espèces de thé ne sont pas oubliées, accompagnées d'explications sur les procédés de culture et de préparation.

L'extrémité du pavillon japonnais est consacrée à l'exposition des principales méthodes d'enseignement, des instruments de physique, des peintures, des collections de minéraux et de végétaux qui sont variées à l'infini.

N'oublions pas de dire aussi que le gouvernement japonais a envoyé des cartes, des dessins, des tableaux de toutes sortes indiquant l'état de l'instruction publique dans l'empire du Mikado, les explorations géographiques et géologiques, les services médicaux, etc.

Ainsi, pendant que certain pays de l'Europe orientale, rapproché du foyer de la civilisation, refuse obstinément de s'y éclairer, et nous donne le triste spectacle de la plus complète désorganisation politique, financière et morale, nous voyons les peuples asiatiques de l'extrême Orient, la Chine et le Japon, marcher à grands pas dans la voie du progrès et étaler à l'exposition de Philadelphie, aux yeux du monde étonné, des merveilles industrielles et scientifiques que bien des nations civilisées leur envieraient.

VI

Philadelphie, 16 Juin 1876.

Puisque les Chinois et les Japonnais m'ont ramené dans *main-building*, nous allons, mon cher Directeur, le parcourir ensemble.
C'est un véritable voyage autour du monde, qui ne durera pas quatre-vingts jours, je me hâte d'en prévenir vos lecteurs, et qui n'aura certainement pas le succès de celui que MM. Jules Verne et d'Ennery ont fait représenter à la Porte-Saint-Martin, mais il nous montrera quels sont les produits naturels et industriels de chaque nation, et, pour une ville de commerce comme Marseille, cela ne saurait manquer d'intérêt.

Toutefois, avant de commencer, sachez bien que c'est une course effrénée, qui ne connaîtra pas d'obstacles, qui nous transportera brusquement, sans transition, du sud au nord, du levant au couchant, car les organisateurs de l'exposition ont complétement bouleversé la mappemonde.

Ceci posé, mettons-nous en route :

La *République Argentine* a construit un élégant pavillon qui contient des minerais, des marbres, des peaux, des cuirs, des plumes d'autruche, des plantes médicinales, des viandes conservées ; des produits manufacturés, tels que : tissus, articles de lingerie, sellerie, laines ; des modèles de constructions navales et des photographies. Les minerais offrent surtout un attrait particulier par leur variété.

A côté, le *Chili*, dont l'exposition forme un cercle divisé en seize compartiments : chaque compartiment est occupé par une de ses provinces. Au centre, un immense condor de l'Aconcagua, les ailes déployées, et qui semble placé là pour protéger les richesses étalées autour de lui. Les minerais abondent également : de l'or, de l'argent, du cuivre, du soufre, de l'alun. On y voit, en outre, des broderies de soie, des tapis, du tabac, des cafés, des conserves et des pâtes alimentaires ; des bois, du charbon, des peaux, des toiles cirées, des vins, des liqueurs et des colles. L'éducation et la librairie y tiennent leur petite place.

Nous voici au *Pérou* : nous trouvons l'or, l'argent, le salpêtre, le borax, le charbon, le sulfate et le nitrate de soude naturels ; des spécimens de guano, des huiles, des pailles, des sucres et des légumes secs.

Nous tombons en *Norwège* : cela vous surprend : je vous ai cependant bien prévenu.

La Norwège présente des produits textiles, de

l'argent en lingots, des fers et des aciers ouvrés, de l'huile de foie de morue épurée et non épurée, des filets, des instruments de pêche, des écorces de bois travaillées et des bijoux en argent.

La *Suède*, sa voisine, nous montre ses minerais, son onyx, ses marbres, ses fourrures, ses faïences ; de la verrerie, des objets en grès, des instruments de physique et de précision, des meubles de luxe, des bougies, des allumettes, de la draperie et du papier. Le gouvernement a fait une exposition particulière de ses armes, de son artillerie et des travaux de ses écoles militaires, véritables objets de luxe pour un peuple qui a la chance de pouvoir rester étranger à tout ce qui se passe en Europe.

Le *Danemark* n'a qu'un médiocre intérêt ; des terres cuites, simples imitations des amphores romaines : quelques pièces d'argenterie qui dénotent l'enfance de l'art et de nombreux outils des indigènes groëlandais.

La *Turquie* a voulu être de la fête, mais son nom seul y figure : l'espace qui lui a été concédé est encore vide, et il est probable qu'il le sera longtemps.

Un pavillon massif, surmonté de têtes de sphynx, indique que l'*Égypte* est devant nous ; le gigantesque crocodile du Nil, habilement empaillé, surveille les agissements des visiteurs dont l'attention est fixée par de riches draperies, des selles et des brides surchargées d'or et de pierres précieuses, des services de table brodés, des meubles somptueux et des antiquités nationales : les produits du sol sont classés à part : la collection du Soudan se distingue par des filets de pêche, des nattes, des chapeaux en palmier et deux défenses d'éléphant de dimension colossale.

Passons en *Portugal :* quelques rares produits chimiques, des vins, des fruits et des produits céramiques. En somme, rien d'original, rien de bien intéressant.

A l'entrée de son exposition l'*Espagne* a élevé une sorte d'arc de triomphe aux couleurs criardes, parmi lesquelles domine le jaune ; au sommet, une peinture qui représente l'Espagne découvrant l'Amérique. Dans les vitrines : du charbon, du plomb, du cuivre, de l'étain, du fer, du soufre ; ensuite, un grand étalage d'articles de lingerie : chemises, mouchoirs, couvertures ; enfin, des vins, quelques imitations des savons de Marseille, des bougies et des objets en cuir. On constate avec regret l'absence presque complète des grandes industries dans ce pays que ses richesses minéralogiques, si elles étaient bien exploitées, placeraient au premier rang.

La *Russie* expose ses incomparables fourrures depuis la plus simple jusqu'au renard bleu et noir et à la zibeline qui valent plus que l'or. Les boyards, pour affronter les rigueurs des hivers de Pétersbourg, se paient souvent des vêtements complets de ces précieuses fourrures : c'est assez chaud, comme prix, pour les garantir du froid ! Les onyx, les lapis, les malachites en blocs et travaillées offrent une collection très-variée ; on voit encore des produits chimiques, des fers, des fontes et une grande quantité d'articles de luxe, de bijoux et de meubles, qui donnent une idée du confort qui règne dans les habitations des princes de la fortune de ce pays.

Voici des coraux, des camées, des mosaïques, des meubles sculptés : c'est l'*Italie*. Nous ne trouvons rien de sérieux, si ce n'est quelques belles glaces de Venise. Parmi ces échantillons de pâtes, de jambons, d'huiles d'olive, de vins, de gants et de filigranes d'or et d'argent, rien ne vous laisse une impression. Ce pays merveilleux, si supérieur dans les arts, pourra cependant, quand il le voudra, développer à l'infini ses ressources agricoles et industrielles.

L'*Autriche-Hongrie* compte plus de 500 exposants : les principaux sont les fabricants de vitraux, de cuirs, de bronzes, de verres de Bohême, de porcelaines de Vienne et de pipes en écume de mer. La perfection avec laquelle ces fabricants sont parvenus à façonner le verre, la délicatesse et la finesse apportées dans l'exécution de ces magnifiques services de porcelaine; l'art et le talent de sculpture que l'on remarque dans ces collections si variées de pipes de toutes formes et de toutes dimensions, prouvent que, si les Autrichiens n'ont que quelques industries spéciales, ils cherchent à y exceller et à en rester les maîtres. La nacre, l'ambre tiennent aussi leur place parmi ces merveilleux produits, ainsi que des ivoires qu'on prendrait volontiers pour des travaux arachnéens, tant ils sont délicatement fouillés. On remarque encore des laines, des gants de Prague, des châles, des lustres, des glaces et des tapis.

Nous quittons l'Autriche et nous pénétrons en *Suisse* : un chalet sert de bureau à la commission. Vous devinez facilement ce que contient ce département : pas de Suisse sans chalets, sans montres, sans pendules. Il y a aussi des bois sculptés, des pailles ouvragées ; des broderies et des dentelles, travaux des longues soirées d'hiver.

Arrêtons-nous là, mon cher Directeur, car vous devez avoir besoin de reprendre haleine : nous continuerons notre course un autre jour. D'ailleurs, je viens d'être accosté par une dame, et je me dois à elle.

Il paraît que je n'ai pas l'air bien américain, car cette dame m'a dit en excellent français :

— Vous êtes Marseillais, Monsieur. Auriez-vous l'obligeance de m'indiquer où sont exposés les savons de Marseille ?

Je me suis empressé de la conduire devant la vitrine de la maison Charles Roux, dont les produits l'ont vivement intéressée, si j'en juge par les explications qu'elle m'a demandées et que je me suis fait un plaisir de lui fournir ; puis, après m'avoir appris qu'elle se nomme Mme O... et qu'elle est la parente de notre compatriote C. R..., elle m'a remercié en m'invitant gracieusement à aller lui rendre visite à New-York où elle habite. C'est ce que je ne manquerai pas de faire, car j'ai là une charmante occasion de voir de près l'intérieur d'une famille américaine.

Cette rencontre imprévue me fournit l'occasion de vous dire quelques mots des femmes américaines, et je la saisis de peur de ne plus la retrouver au milieu de tout ce que j'aurai encore à vous raconter.

Nous avons tous entendu parler de la façon dont on élève les jeunes filles aux États-Unis et de la grande liberté dont elles jouissent.

Les demoiselles sortent seules : elles vont faire des excursions, des voyages même, avec de jeunes gentlemen : ensuite, quand elles ont suffisamment *flirté*, elles présentent le mari de leur choix à leurs père et mère, qui accordent la main de leur fille, sans jamais rien mettre dedans, car en vertu de ce principe, fort logique du reste, que l'homme doit nourrir la femme, l'usage de la dot est ici complétement inconnu.

Mais, si avant le mariage, pendant la *flirtation*, le jeune homme abuse de cette jeune fille qui s'est presque jetée à sa tête, et la compromet, toujours en vertu du même principe, on lui demande une réparation pécuniaire, que les tribunaux accordent largement.

Ces mœurs nous semblent étranges et nous en rions, tant elles sont contraires aux nôtres ! Eh bien, nous avons tort : cette grande liberté des jeunes filles donne, en Amérique, d'excellents résultats : d'abord elle permet à l'homme et à la femme de se bien connaître avant de s'unir : de là, beaucoup moins de mauvais ménages ; ensuite, sauf quelques affaires de chantage, qui ne sont que l'exception, en thèse générale, elle relève la femme aux yeux de l'homme.

Nous n'avons pas l'idée du respect dont la femme est entourée aux États-Unis ; et, dans le peuple comme dans la classe riche, ces hommes d'argent, ces travailleurs infatigables, sous leur écorce souvent grossière, poussent jusqu'à l'excès le sentiment des égards dus au sexe féminin.

A New-York où je me trouvais ces jours-ci, dans Broadway, où il y a autant et même plus de mouvement que sur les boulevards de Paris, j'ai vu les policemen donner la main aux dames, pour les aider à descendre des cars ou des omnibus, pour les faire passer d'un trottoir à l'autre et les protéger contre les accidents.

Il faut en convenir, la galanterie française, qui se pique cependant d'être proverbiale, n'a jamais inventé de tels raffinements !

VII

Philadelphie, 21 Juin 1876.

J'ai fait cette semaine une excursion à Baltimore et à Washington.

Quatre heures de chemin de fer séparent Philadelphie de Baltimore, ce qui réduit le voyage aux proportions d'une simple promenade, car ici on ne compte pas avec les distances. Le paysage est très-agréable ; on traverse la rivière de la Sesquehana sur un pont qui n'a pas moins de deux kilomètres de longueur.

Les trains américains ne laissent rien à désirer sous le rapport du confortable ; ils se composent de *pulmann-cars parlors* ou wagons-salons et de *sleeping-cars* ou wagons à dormir. Quand la nuit arrive, dans les longs trajets, vous trouvez dans le sleeping-car, moyennant une faible rétribution, un lit complet, isolé par des rideaux où vous reposez aussi bien que dans votre chambre ; vous avez aussi des lavabos et toutes les commodités qui contribuent à rendre les voyages faciles et agréables.

Si vous arrivez à destination à une heure trop

matinale et qu'il vous plaise de goûter encore quelques instants de sommeil, vous restez tranquillement dans votre lit; on détache le wagon, on le met sous halle et vous en sortez quand bon vous semble.

Des bagages, ne vous en préoccupez pas : muni du numéro qu'on vous a remis au départ, rendez-vous à votre hôtel, et les employés, sur la présentation de ce même numéro, se chargeront de vous rapporter vos malles. Tout cela est fait rapidement et sans que l'on soit obligé d'avoir sans cesse l'argent à la main, car l'Américain sait se faire payer de sa peine, mais il croirait déroger à sa dignité d'homme libre en acceptant un pourboire.

Combien nos compagnies françaises gagneraient à imiter celles des États-Unis ! Déjà la compagnie d'Orléans a eu l'excellente idée d'ajouter aux express de la ligne de Paris à Bordeaux des sleeping-cars. Quand donc celle de Paris-Lyon-Méditerranée se décidera-t-elle à en faire autant sur le parcours de Marseille à Paris? Que de gens, que leurs affaires appellent à Paris, hésiteraient moins à se déplacer, s'ils pouvaient aller et venir rapidement et sans excès de fatigue!

La ville de Baltimore ressemble beaucoup à Philadelphie; du mouvement, pas de monuments, mais par contre un magnifique parc.

De Baltimore je suis allé à Washington, qui est le Versailles des États-Unis : c'est là que siégent le

Congrès et le Gouvernement. Cette ville, qui ne compte que 100,000 habitants, est bâtie pour en contenir huit fois plus ; squares spacieux et élégants, grandes et belles avenues : la Pensylvania-avenue, qui est la plus remarquable, est bordée de chaque côté par des jardins ; à l'extrémité se trouve la Maison-Blanche, *White-House*, résidence du président Grant; c'est une construction en marbre blanc dont l'intérieur est assez heureusement décoré. A côté, le ministère des finances, ensuite le Patent-office où sont déposés tous les brevets d'invention et toutes les marques de fabrique, la Poste, le Smithsonian-Institut, sorte de musée national, de construction bizarre, en grès rouge, et renfermant des collections fort intéressantes d'animaux antédiluviens et d'objets indiens ; enfin, le Capitole où siégent les Chambres : ce monument — car c'est un véritable monument — est fait de plusieurs styles parmi lesquels domine le corinthien ; un immense dôme en fonte, d'une hauteur égale à celui de Saint-Pierre de Rome, couronne majestueusement l'édifice.

Cette excursion s'est terminée par une promenade en bateau sur le Potomac jusqu'à *Mount-Vernon* où reposent les cendres de l'immortel fondateur de la république des États-Unis.

Rentré à Philadelphie, après une courte absence de trois jours, pour ne pas perdre de temps, je reprends immédiatement ma course à travers le *main-building*.

La *Belgique* a une exposition très-remarquable et nul n'en sera surpris, car chacun sait combien ce petit pays, qui tient si peu de place sur la carte d'Europe, est fertile et industriel : nous trouvons des armes à feu, de l'horlogerie, des instruments de musique, de la lingerie, de riches étoffes et des dentelles : les vitrines de dentelles font surtout l'admiration des Américaines, dont la coquetterie n'est pas le moindre défaut ; aussi les exposants verront-ils sans peine leurs magnifiques produits se transformer bientôt en nombreux dollars.

J'aperçois l'antique pipe flamande, et à cette enseigne je reconnais la *Hollande ;* la disposition est bonne : nous voyons d'abord les savons à essence de Leyden, les papiers, les tapis de Dewenter, les liqueurs et les toiles fines ; ensuite viennent les huiles, les amidons, les farines, et enfin les livres et les plans de travaux publics. Les *Indes Hollandaises* exposent, dans une mosquée un peu trop chargée en couleurs, des produits de toute sorte et complètent le département des Pays-Bas.

Voici le *Brésil :* on y pénètre en hésitant par la chaleur tropicale que nous subissons ; mais, quand on y est, on voudrait n'en plus sortir, car c'est la plus complète des expositions de l'Amérique du Sud : étoffes de soie, de laine, de coton ; papiers à tapisserie, bronzes, produits chimiques, sucres, vins, liqueurs, bois, métaux variés, éventails, ouvrages en plumes et pierres précieuses.

Le *Mexique* occupe aussi dignement sa place : il a envoyé des soies manufacturées, des laines, des cotons, des cigares, des tabacs, des filigranes d'argent en forme de bijoux et d'ornement ; ses produits naturels sont : les marbres, les minerais de Durango, les fers, les pierres météoriques, le charbon et l'onyx ; nous trouvons aussi des collections de costumes indigènes, des harnachements d'or et d'argent, des cartes, des vues des pays volcaniques et des écrits d'auteurs mexicains dont je ne vous rendrai pas compte par cette seule raison qu'il m'eût été bien difficile de les lire.

La *Bolivie* nous montre un lingot d'argent pur de Potosie, qui pèse 4,200 livres et dont la valeur est de 72,000 dollars.

Nous arrivons enfin aux *États-Unis* : la grande nation a voulu, dans cette circonstance solennelle, donner à tous les autres peuples, devenus ses hôtes, une preuve éclatante de sa puissance : parmi les innombrables produits exposés, je me bornerai à citer ceux que me paraissent offrir le plus d'intérêt :

La bijouterie et l'orfévrerie de Tiffany, le Christofle américain, de Corham, de Calwell, qui, à elles seules, exigeraient un examen de plusieurs jours ; les armes à feu de Remington, les laines de Cohoes, la ganterie de New-York ; les étoffes de toutes sortes, la parfumerie, les savons à essences, les ornements de bronze, les marbres de couleur, les riches minerais du Colorado, les charbons et les fers de la Pensylvanie, la coutellerie et les produits textiles du Massachussetts, l'or de la Californie, les outils du Connecticut, les produits gazeux de Neridem-Britannia, les minéraux et les métaux des diverses provinces, les appareils électriques, les décorations en feuilles d'or, les bois de l'Orégon, les charbons de l'Ohio, les candélabres, les billards, les vins, l'acier poli, les ouvrages en granit, les instruments de menuiserie, les draps, les alpagas, les étoffes moirées, les rubans, les tapis d'Auburn, la chaudronnerie, l'horlogerie, la verrerie de Melville, les couleurs d'aniline, les huiles essentielles, les savons de New-York, les bois de New-Jersey, les grains, les produits du Kansas, les pianos, les orgues, les modèles de bateaux, les soufres raffinés de New-York, les produits chimiques, et, enfin, les pétroles bruts et épurés de la Pensylvanie.

J'arrête là cette nomenclature, qui, bien que très-incomplète, suffit à donner une idée de la grande activité des Américains et de la fécondité du sol des États-Unis.

Toutefois, je dois dire que, parmi ces mille produits manufacturés, on trouverait difficilement quelque chose de nouveau, d'original : ce ne sont que des imitations très réussies des industries Européennes.

Le prix moyen de la journée d'un ouvrier aux États-Unis est de 12 à 15 francs, et, malgré cette cherté relative de la main-d'œuvre, les bras manquent ; il a fallu suppléer à cette pénurie par le perfectionnement des moyens mécaniques, et c'est là surtout que le génie inventif des Américains se donne libre carrière.

Je quitte demain Philadelphie, après un séjour de cinq semaines, qui m'a permis de me rendre un compte exact de cette colossale exposition. Mes prochaines lettres, qui seront datées de New-York, vous parleront des sections anglaises, allemandes et françaises qu'il nous reste encore à parcourir pour terminer ce que je n'avais pas tort d'appeler : un véritable voyage autour du monde.

UNE VISITE A NEW-YORK

VIII

New-York, 25 *Juin* 1876.

New-York, la grande métropole des États-Unis, la véritable capitale, est bâtie entre deux fleuves : l'Hudson et la rivière de l'Est ; son port est le plus beau du monde ; sa rade est, dit-on, admirable : je la verrai lorsque je quitterai l'Amérique, car c'est ici que je dois me réembarquer.

Quelle ville, quelles rues, quel mouvement, quel luxe ! C'est Paris à deux mille lieues de Paris !

En arrivant à New-York, lorsqu'on vient de Philadelphie, on traverse l'Hudson sur un de ces immenses *steam-boats* qui transportent en même temps d'une rive à l'autre les promeneurs, les voyageurs, les voitures et les chevaux ; puis, après une demi-heure de chemin dans l'*elevated railroad*, chemin de fer qui passe au-dessus des maisons, on se trouve au cœur de la ville.

Broadway divise la ville en deux parties sur une longueur de plus de cinq kilomètres : c'est un vaste boulevard ; de chaque côté, et perpendiculairement à Broadway, les avenues ; ensuite, dans chaque avenue, parallèlement à Broadway, les rues. Cette disposition symétrique est très-commode : elle permet de se reconnaître facilement même après un court séjour.

Les avenues et les rues n'ont généralement pas de noms : elles portent simplement des numéros, ce qui est encore une grande facilité. Voilà un système qui serait excellent en France, où, à chaque changement de gouvernement, on se croit obligé de changer aussi la dénomination des rues et des promenades. Imaginez-vous quel doit être l'embarras d'un étranger de passage à Marseille qui, à la place du cours Bonaparte qu'il a vu il y a quelques années, trouve aujourd'hui le cours Pierre-Puget !

Les hôtels de New-York sont tellement vastes que notre hôtel du Louvre et de la Paix, qui se donne pompeusement l'épithète de grand, mis à côté, aurait l'air d'un jouet d'enfant.

Tout ici est en proportion : le *Central-Park*, où se donnent rendez-vous les équipages du *high-life* new-yorkais, est un bois immense dans lequel notre pauvre Château-Borély, dont nous sommes cependant si fiers, danserait plus de cent fois.

En suivant Broadway du côté sud, on arrive dans la basse ville : c'est le quartier du port et des affaires ; là, chaque maison est un bureau de commerçant, une bourse, un office d'agent de change. En levant les yeux en l'air, on croirait que toutes les rues sont recouvertes d'une épaisse toile d'araignée, tant il y a de fils télégraphiques qui se croisent et s'entre-croisent ! Ces gens-là savent se servir de l'électricité ! Il n'est pas un négociant qui n'ait un télégraphe dans son bureau, et qui, sans se déranger, ne puisse transmettre ses dépêches à tous les points du globe ; des bandes de papier sans fin lui donnent, à toute heure du jour et à jet continu, les cotes de toutes les bourses de l'ancien et du nouveau continent, le cours de toutes les denrées sur les divers marchés de l'univers.

Le commerçant vient ici à son office à huit heures du matin et n'en sort qu'à six heures du soir ; mais, passé six heures, il ne faut plus parler d'affaires.

Quand donc adoptera-t-on ce système à Marseille ?

Cela ne vaudrait-il pas mieux que de perdre à la Bourse une bonne moitié de la journée pour être obligé ensuite de travailler dans les bureaux jusqu'à huit ou neuf heures du soir ?

Sous le rapport des distractions, New-York ne

le cède en rien à Paris, et on peut y rester quinze
à vingt jours en variant, chaque soir, ses plaisirs :
des concerts, entre autres *Gilmore-Garden*, un
jardin ruisselant de lumières, genre Mabile, mais
où la danse est remplacée par l'harmonie d'un
brillant orchestre ; les entrepreneurs de cet établissement ont dépensé l'année dernière, pour le réparer, 200,000 dollars, et, huit à dix jours après,
ils étaient rentrés dans leurs débours !

Des théâtres : — l'Académie de musique où ont
chanté les plus grands artistes de l'Europe, la
Nilsson, la Patti, Capoul et notre compatriote
Victor Maurel ; le *Lyceum*, le *Booth théâtre*, et
bien d'autres, où on donne la comédie, le drame
et l'opérette en anglais, en allemand et en français.
Ce dernier genre est surtout très-apprécié des
Américains, et on ne saurait croire avec quelle
prodigalité les *impresarii* paient ici les *divas* qui
interprètent la musique d'Offenbach et de Lecoq.

Que d'artistes que nous avons connus à Marseille
ont fait les délices de New-York depuis quelques
années : les ténors Juteau et Dequercy, Mmes Coraly
Geoffroy, Louise Roland, Minelli, qui a créé ici
l'an dernier avec beaucoup de succès Molda, de la
Timbale d'Argent, et Marasquin, de *Giroflé-Girofla* ; enfin Aimée, que nous avons vue débuter à
notre Casino, et qui, depuis une dizaine d'années,
devenue la Schneider de l'Amérique du Nord,
possède aujourd'hui une fortune d'un million et

plus de diamants qu'une impératrice. Elle chante actuellement la *Vie Parisienne* à *Booth théâtre*, en compagnie de Mézières, un comique qui a encore laissé à Marseille d'excellents souvenirs.

Mais je ne suis pas précisément venu ici pour remplir l'office du *Monsieur de l'orchestre* et je laisse les spectacles pour vous entretenir un peu de l'organisation intérieure des maisons à New-York.

Un grand confort règne dans les habitations : chaque appartement est éclairé au gaz, de plus, dans chaque maison, deux sonnettes électriques; l'une pour la police, l'autre pour les pompiers : des voleurs pénètrent-ils chez vous la nuit, pressez le premier bouton, et presque immédiatement les policemen du poste le plus voisin accourront à votre secours. Le feu prend-il dans votre domicile, appuyez sur le deuxième bouton, et en quelques secondes les pompiers seront là avec leurs pompes et tous leurs appareils de sauvetage.

C'est admirable, et on se demande, après cela, comment des villes, presque tout entières, brûlent si fréquemment aux Etats-Unis? il est vrai qu'à Chigago, par exemple, la plupart des maisons sont en bois, les rues sont également pavées en bois; de plus, le voisinage du lac Michigan, véritable mer intérieure, déchaîne sur la ville un vent auprès duquel notre *mistral* n'est qu'un zéphyr; des incendies, dans de pareilles conditions, doivent évidemment être terribles et bien difficiles à circonscrire.

Une chose bien curieuse dans ce pays-ci, c'est le culte tout particulier qu'on a pour les moineaux : les arbres de Broadway sont couverts de ces oiseaux qu'on importe d'Europe ; on leur fait de petites maisons pour les abriter contre le froid des hivers rigoureux ; ils sont dorlotés, choyés, logés, nourris aux frais de l'État ; leur familiarité est étonnante : malgré le bruit, le fracas qui règnent dans la rue, ils sont là comme chez eux, et si l'on osait attenter à leur liberté, les policemen vous rappeleraient vite à l'ordre.

Ces détails sur la ville de New-York, qu'il m'a paru impossible de passer sous silence, ne me permettront pas de terminer aujourd'hui, ainsi que j'en avais l'intention, la revue de l'exposition de Philadelphie. Je m'acquitterai de cette tâche dans une prochaine lettre.

IX

New-York, le 2 Juillet 1876.

Je vais m'occuper aujourd'hui de l'Angleterre et de l'Allemagne.

L'*Angleterre* se montre à Philadelphie dans toute la grandeur de son empire et de son génie ; elle a tous les produits manufacturés par la multiplicité de son industrie et tous les produits du sol par le secours de ses colonies. Ses tissus varient à l'infini par la qualité et la forme, depuis les articles que fournit le coton d'Amérique jusqu'aux cachemires des Indes, ses métaux ouvrés et disposés pour tous les besoins de l'homme, ses cristaux rivaux de ceux de Baccarat, ses bronzes, ses poteries, son ébénisterie, sa joaillerie, sa papeterie donnent à son exposition une physionomie véritablement artistique.

On remarque encore des articles en écaille, de la coutellerie, des instruments de musique, des fusils de luxe et de guerre, de la poudre, de la parfumerie, des couleurs, des teintures, des savons, des stéarines, des bougies et des produits chimiques en très-grande abondance.

La maison Elkington, le grand orfèvre de Londres, dont la renommée est universelle, a exposé un service émaillé, or et argent, et de nombreuses reproductions galvanoplastiques : je citerai surtout un vase représentant la musique et la poésie et dont la valeur intrinsèque est de 6,000 livres sterlings.

Autour de la Grande-Bretagne se groupent, comme des enfants autour de leur mère, toutes ses colonies : la *Nouvelle-Ecosse* avec soixante minéraux différents, de l'or, du fer et du charbon ; la *Colombie anglaise* avec ses arbres gigantesques ; la *Jamaïque* et ses rhums ; le *Cap de Bonne-Espérance* et ses vins renommés ; les *Indes anglaises* qui nous offrent des bois de teinture, des céréales, du riz, de l'opium, des épices, des soies, des cachemires et des curiosités ethnologiques ; l'*Australie* qui a fait un obélisque représentant les quantités d'or extraites de son sol depuis dix ans ; la *Nouvelle-Galles du Sud* qui expose des bois, du charbon et encore de l'or ; le *Queensland* qui a du cuivre, de l'étain, des bois rares, des grains, et, en concurrence avec l'Australie, une colonne indiquant la quantité d'or trouvée depuis 1868, laquelle équivaut à 35 millions de dollars! Pour finir, le *Canada* qui, avec ses fourrures, ses embarcations et ses produits manufacturés, forme une section assez originale.

L'entrée de l'*Allemagne* est marquée par deux colonnes surmontées de l'aigle noir, et, maintenant que tout est en place, il faut bien en convenir, je reviens un peu sur ma première impression qui était loin d'être favorable. D'abord, une belle exposition de porcelaines de Berlin ; puis, défilent sous les yeux du visiteur, les tissus qui occupent une large place, les soieries, les lainages, les cotonnades, les verreries et les glaces.

On est surpris d'y voir la compagnie de Saint-Gobain : cette société qui possède une usine en pays conquis a cru devoir prendre rang dans la section allemande; elle aurait pu s'en passer, d'autant qu'elle figure, avec honneur, dans la section française pour laquelle elle a fort heureusement réservé ses plus belles pièces.

Les armes, les métaux ouvragés, la joaillerie, les instruments de musique et de précision, les produits chimiques et pharmaceutiques sont méthodiquement étalés : parmi les produits chimiques, dont la variété est très-grande, l'attention est fixée par un immense rocher de bleu d'outre-mer.

Un peu plus loin, les sculptures d'ivoire, les fourrures de Leïpsig, la marquetterie de Dresde, les bronzes d'art, la coutellerie de Solingen et des mobiliers de trente genres différents vous font craindre d'avoir franchi, sans vous en douter, la limite réservée à l'Allemagne, tant ces objets sont gracieux et peu en harmonie avec le caractère et la nature des producteurs !

Les vins du Rhin sont là avec leurs quatre-vingt-sept crûs différents; la librairie occupe un vaste emplacement où sont classés les ouvrages les plus précieux de 136 éditeurs. Il y a encore des produits d'Elberfeld, des ouvrages en bois de Stuttgard, des jouets de Nuremberg et de la parfumerie.

Dans cette dernière classe deux pavillons, portant chacun le nom de Jean-Marie Farina, se font concurrence en débitant de l'eau de Cologne : l'un et l'autre des deux industriels auxquels ils appartiennent veulent être le vrai, le seul Jean-Marie Farina, et donnent à l'appui les certificats les plus authentiques et des extraits de testament qui valent certainement moins que les extraits dont ils composent leur eau, sans quoi je plaindrais sincèrement les consommateurs.

Le lugubre Krupp est venu attrister la fête par un nouvel échantillon de son imagination destructive : c'est un gigantesque canon pesant 47 tonnes et qui permet de lancer à une distance presque incalculable un boulet de 1600 livres. N'en rions pas, comme nous l'avons malheureusement fait, en 1867, à l'exposition universelle de Paris !

L'Alsace et la Lorraine sont noyées dans la classification générale, et, çà et là, on lit sur des étiquettes timides, qui semblent éprouver un certain regret de se trouver dans ce groupe, les noms des industries de Mulhouse, Strasbourg, Sarreguemines, Schlestadt et Metz.

Dans ma prochaine lettre, je vous parlerai de la France, qui mérite bien qu'on lui fasse l'honneur d'une correspondance spéciale.

X

New-York, 3 Juillet 1876.

i j'ai gardé la section française pour la dernière, c'est que j'ai voulu attendre, pour mieux l'apprécier, qu'elle fût complétement terminée.

Nos exposants, qui ont eu le tort de ne pas venir en plus grand nombre surveiller eux-mêmes leurs intérêts, ont généralement confié le soin de les représenter à des agences, trop chargées de besogne pour pouvoir s'occuper sérieusement de chacun de leurs commettants ; de là, un grand retard dans l'installation et bien des défectuosités dans l'arrangement et le classement des produits.

Néanmoins, à cette heure, tout est en place, et, malgré les négligences des agents, malgré les difficultés de distance et notre indifférence habituelle pour tout ce qui se passe en pays lointain, la France ne compte pas à Philadelphie moins de deux mille exposants.

Sans doute, c'est un beau résultat, mais, je l'ai déjà dit et je le répète, nous **pouvions mieux faire** :

il y a eu bien des abstentions regrettables. Heureusement qu'en dépit de ces abstentions nous conservons encore l'avance pour les industries dans lesquelles nous tenions déjà la corde aux précédentes expositions, et cela, même en présence des progrès incontestables accomplis par plusieurs autres nations.

Ainsi, bien que Barbedienne n'ait pas exposé, nous n'en avons pas moins, grâce à MM. Susse frères, de Paris, la plus belle collection de bronzes d'art : certaines pièces offrent, comme difficulté vaincue, une supériorité qu'on ne retrouverait que dans le pavillon japonais.

Si les Américains ont déployé dans leur département trop de luxe de décoration, s'ils se sont trop appliqués à frapper la vue par la richesse de leurs vitrines, nous, nous avons péché par l'excès contraire. Notre exposition est trop simple, trop systématique; la faute en est aux entrepreneurs, qui ont traité à forfait avec les exposants, et qui ont, avant tout, pris soin de leur bourse. Mais, en somme, l'habit ne fait pas le moine, et, dans une exposition surtout, c'est aux produits que contiennent les vitrines, et non à ces vitrines, qu'il faut s'attacher.

L'absence de la manufacture de Sèvres laissera peut-être l'avantage aux porcelaines de Berlin ; cependant la maison Hache et Pepin-Lehalleur, de Paris, représente dignement la France ; elle a exposé un surtout de table fond bleu-pâle et or mat, qui vaut des sommes fabuleuses.

Les faïences et les majoliques ont une plus grande variété ; les céramiques de Gien, imitations des vieilles faïences de Nevers et de Strasbourg, les émaux, le curieux étalage de Barbizet, l'exposition d'Havilland, de Limoges, et celle de Houry, donnent une idée complète, non seulement de l'état actuel de l'art, mais encore de son développement historique.

La verrerie est très-bien représentée : plusieurs maisons de premier ordre ont apporté leurs produits. Nous devons citer les verres gravés de Bitterlin ; — un seul vitrail de cette maison a une valeur de 15,000 fr. ; — les verres émaillés, style vénitien, de Brocard ; les célèbres verreries de Saint-Just (Loire); les deux glaces sans tain de Saint-Gobain, celles de Chauny et de Cirey.

Dans l'ameublement, peu de choses, mais la qualité compense la quantité : ce que nous trouvons est véritablement merveilleux. L'armoire fouillée qu'expose M. Mazaroz est un morceau capital ; elle ne vaut pas moins de 25,000 fr. Est-ce assez Louis XV ?

Dans la tapisserie, les fabricants français restent sans compétiteurs ; malgré les nombreuses tentatives faites de tous côtés, et dont nous trouvons la trace dans l'exposition de chaque pays, nul n'est arrivé à reproduire avec tant de fidélité les tableaux de maîtres. Le visiteur se fait illusion et relit son catalogue pour être bien certain qu'il n'a pas devant lui des toiles du Bâtiment des Arts.

La chapellerie et la cordonnerie parisiennes sont peu représentées.

Notre parfumerie et nos produits chimiques sont loin d'égaler les expositions faites par les industries similaires d'Amérique et d'Angleterre : ce groupe aurait cependant pu être bien intéressant si les grandes usines de Kulhmann, de la compagnie de Saint-Gobain, de Maletra, d'Henri Merle, de Lubin, de Violet et de Legrand eussent envoyé leurs remarquables produits.

Toutefois, nous devons, pour la parfumerie, une mention spéciale aux maisons Rigaud, Delettrez, de Paris, et Mottet, de Grasse et de Marseille, dont les produits jouissent ici d'une réputation méritée ; dans les produits chimiques, citons : M. Guimet, de Lyon, dont les bleus d'outre-mer ont une réputation universelle, MM. Garnier, Rigollot et Solvay. Ce dernier, qui a des usines à Couillet, près de Charleroi (Belgique), et à Dombasle (Meurthe-et-Moselle), fabrique du carbonate de soude par un procédé qui diffère essentiellement de celui de Leblanc. Ce procédé est basé sur la décomposition du chlorure de sodium (sel marin) par l'ammoniaque.

Dans ce même groupe, une des vitrines le mieux disposées est certainement celle de la maison J.-Ch. Roux, de notre ville; elle renferme des échantillons de toutes les matières premières nécessaires à la savonnerie et des spécimens de savon bleu-pâle qui prouvent bien la supériorité de l'industrie marseillaise.

C'est d'ailleurs dans la section des produits chimiques que notre ville compte le plus d'exposants : nous y trouvons M. Dubois, préparation chimique spéciale pour les navires ; MM. A. Julien et Cie, peinture sous-marine; G. Bubaton, carbonate de soude obtenu, non pas précisément par le procédé Solvay qui est breveté, mais d'après les mêmes réactions chimiques; et enfin les soufres raffinés, sublimés et en canons de Marseille, dont la pureté et le coloris font pâlir les produits similaires des raffineries Mœus d'Anvers et Gray de New-York.

Les articles de Paris, la brosserie, les objets en ivoire travaillé, sont assez complets ; ils se distinguent par le fini et l'élégance. La coutellerie est inférieure à celle de l'Angleterre et de l'Amérique, mais, en compensation, les instruments d'optique et de précision de Kœnig forment une exposition scientifique des plus remarquables.

C'est dans le département de l'éducation que notre infériorité est véritablement manifeste : nous eussions dû soigner davantage ce département, connaissant toute l'importance que lui donnent les Américains.

Heureusement qu'il n'en est pas de même pour la librairie; la maison Hachette nous offre de magnifiques exemplaires de ses publications scientifiques, illustrées et classiques, entre autres, les épreuves de l'*Atlas*, encore inachevé, de Vivien de Saint-Martin qui sera aussi complet que les atlas publiés à Gotha par Jules Perthès. La librairie Carpentier a également des éditions d'une exécution typographique supérieure.

La soierie française n'a pas de rivale : les Lyonnais ont une exposition collective qui est admirable ; c'est comme une pléiade, au milieu de laquelle brille d'un éclat plus vif les produits de MM. Tassinari et Châtel déclarés hors ligne par tous les appréciateurs.

A côté des soieries, l'éblouissant étalage de châles et de dentelles de la Compagnie des Indes et les fourrures de la Maison Révillon de Paris ; un peu plus loin, Boucheron étale ses diamants, ses émeraudes, ses perles les plus rares, montés avec ce goût exquis, cette légèreté que les Américains, amateurs de bijoux épais et lourds, ne sauront peut-être pas apprécier.

Viennent ensuite les étalages de Mansuy et de Paul Soyer dont les métaux émaillés peuvent entrer dans la catégorie des bijoux, puisque un plat et une aiguière sont cotés 20,000 francs.

Enfin, la carrosserie apporte encore un bon appoint à l'éclat de l'exposition française : au milieu de véhicules de toute sorte et de tout style fabriqués par Binder et Belvalette, nous remarquons une voiture de voyage de M. Guiet qui est un véritable chef-d'œuvre.

C'est là que s'arrête ma revue de l'exposition ; j'aurais certainement encore bien des choses à vous dire, car le sujet est inépuisable, mais le temps me manque. Je suis arrivé, sans m'en douter, presque au terme de mon voyage, et je veux utiliser le temps qui me reste à visiter le pays. Je pars demain pour le Canada, je verrai Montréal, Québec et le Niagara, car on ne peut venir aux États-Unis sans voir les chutes. Je sais bien que cela équivaut à dire, qu'on ne peut aller à Paris, sans aller aussi à Berlin, mais en Amérique, je le répète, il n'y a pas de distances; peut-être même pousserai-je jusqu'à Chicago.

Je ferai tout mon possible pour vous adresser encore quelques récits de mes excursions, mais je ne promets rien.

En clôturant ma correspondance sur l'exposition de Philadelphie, je ne saurais passer sous silence l'impression dernière que m'a laissée tout ce que je viens de voir : l'Europe qui figure dignement dans le parc de Fairmount ne m'a pas étonné : nous l'avons vue aux expositions de Paris et de Vienne et elle nous avait déjà donné la mesure de ses progrès artistiques et industriels. Mais les États-Unis ne s'étaient pas encore révélés à nous, comme ils viennent de le faire ; nous savions bien qu'un mouvement rapide s'était effectué de l'autre côté de l'Océan, mais nous n'avions pas eu l'occasion d'en voir toutes les preuves réunies dans une même enceinte et mises en parallèle avec le travail intellectuel des autres grandes nations ; l'exposition de Philadelphie nous a fourni cette occasion, et moi, qui ai eu le rare bonheur de contempler de mes propres yeux ce grand spectacle, j'avoue sincèrement que je suis émerveillé.

Un peuple qui date d'un siècle à peine rivalise aujourd'hui avec la vieille Europe ; en moins de cent ans, — et qu'est-ce que cent ans dans la vie d'un peuple ? — il a fait sortir de terre des villes immenses qui grandissent à vue d'œil ; il a conquis sur les Indiens, défriché, mis en culture, fertilisé, ce territoire sans fin, qui s'étend de l'Atlantique au Pacifique ; il a jeté partout des ponts, tracé des routes en tous sens, multiplié les chemins de fer de tous côtés, créé des usines sans nombre, en un mot porté l'industrie et la civilisation à leur apogée. C'est une œuvre de géants !

Il est vrai que le pays, si vaste, si bien arrosé par les plus beaux fleuves du monde, si riche en mines de tous genres, se prêtait par lui-même à ce prodigieux travail, mais tous les avantages naturels fussent restés stériles sans la volonté de l'homme : ce qu'il faut donc admirer, c'est la force de cette volonté.

On dit souvent que c'est un peuple nouveau, et on semble vouloir ainsi attribuer cette prospérité soudaine à la vigueur d'une race naissante ; c'est une erreur. Les Américains ne sont pas, à proprement parler, un peuple nouveau ; les États-Unis se sont formés de toutes les vieilles races de l'Europe : ils ne sont que le produit de l'émigration de l'ancien continent, et on sait que l'émigration ne se compose pas généralement de ce qu'on appelle vulgairement le dessus du panier ; c'est donc ailleurs que nous devons chercher la cause de cette puissance, de cette vitalité, et cette cause nous la trouverons dans la liberté dont le peuple américain a fait la base de son existence. La liberté seule peut en si peu de temps enfanter de si grandes choses.

UNE EXCURSION AU NIAGARA

XI

Niagara-Falls, 6 Juillet 1876.

JE ne pensais pas avoir le plaisir de vous écrire de nouveau, car mes instants sont comptés, mais je ne peux résister au désir de vous raconter ce que je viens de voir.

Je me suis embarqué, il y a trois jours, à New-York sur le steamer « le Bristol, » immense maison flottante à plusieurs étages : nous avons aussitôt quitté l'Hudson pour entrer dans la rivière de l'Est, laissant derrière nous Long-Island et Broocklyn, un faubourg qui ne compte pas moins de 500,000 habitants.

Nous passons devant des îles ravissantes : l'île de Blackwell, avec de magnifiques édifices, l'hospice de la charité, l'asile des aveugles, l'hôpital des folles, le pénitencier, la maison des pauvres; l'île de Ward, qui étale sur ses rives gracieuses l'hospice des soldats blessés pendant la guerre de sécession, l'hôpital des fous, celui des émigrants et l'asile des ivrognes, car, malgré les nombreuses sociétés de tempérance qui existent aux États-Unis, il est à craindre que le brandy, le sherry, le whisky et le gin n'entretiennent encore longtemps ce dernier établissement; enfin, l'île de Randall, qui renferme l'hospice des enfants et celui des idiots. New-York a relégué dans ces trois îles toutes les misères de l'humanité dont l'Amérique n'est pas plus exempte que les autres nations.

En continuant sa route, le steamer ne tarde pas à entrer dans le Sound qui communique avec l'Océan et forme un large bras de mer pénétrant très-avant dans les terres.

Le soleil commence à baisser; il éclaire encore de ses dernières lueurs rougeâtres les clochers de Broocklyn qui pointent à l'horizon et les arches du pont gigantesque, suspendu à 85 mètres de hauteur, qui est destiné à relier Broocklyn à New-York.

Pendant que, tranquillement assis, j'admire le tableau charmant qui se déroule sous mes yeux, tableau qui paraîtrait invraisemblable, si un peintre le reproduisait jamais, un rayon de ce soleil, qui va s'éteindre pour nous, vient par hasard se refléter dans le sillage que le navire trace sur l'onde et nous fait comme une route de feu.

Si vous saviez comme on pense, comme on réfléchit, quand, loin de tout ce qui vous est cher, on se trouve ainsi seul en face de l'imposante nature. On se sent petit, abandonné, perdu, et on éprouve, après quelques instants de cette sorte d'anéantissement, une joie ineffable à se souvenir que sur d'autres rives, si lointaines qu'elles soient, des parents et des amis vous attendent avec impatience!

La nuit arrive, car nous n'avons pas de Josué à bord, et en eussions-nous un, s'il ne parlait qu'anglais, j'aurais, je l'avoue, bien de la peine à le décider à arrêter le soleil. Tout à coup, un nègre qui parcourt le bateau dans tous les sens, en frappant à coups redoublés sur un plateau de métal et qui ressemble à Vulcain venant de rétamer le vieux tonnerre à papa Piter, me rappelle que j'ai un compagnon de voyage et que, depuis plus de deux heures je ne l'ai plus revu. Je suis persuadé que je le retrouverai au *Dining-room*, car il a bon appétit.

Je descends deux étages, et, devant la porte de la salle à manger, j'aperçois en effet celui que je cherche. Tout le tapage que faisait le nègre n'avait d'autre but que de donner le signal du dîner; on mange souvent en Amérique, trop souvent : la quantité l'emporte sur la qualité; mais après une promenade de plusieurs heures en bateau, quelques aliments, bons ou mauvais, sont toujours bien venus ; je me présente donc pour prendre place au repas, et, à mon grand étonnement, on me barre le passage : les tables sont envahies, il y a 800 passagers et on ne peut être introduit qu'au fur et à mesure que quelques rassasiés veulent bien faire place.

: Mon compagnon se plaint amèrement de cette façon de procéder : moi, je trouve la chose drôle, et, après quelques plaisanteries décochées en guise de vermout, nous pouvons enfin approcher de la table.

Après le dîner, la fraîcheur de la nuit nous ramène sur le pont où nous trouvons un orchestre qui frappe l'air de ses mélodies. Il y a là de nombreuses familles, de jolies demoiselles qui voyagent seules, des hommes d'affaires, des touristes comme nous; tout ce monde à l'air chez lui : en vérité, on se croirait ailleurs que sur un bateau : tout est si bien aménagé, si bien prévu ! Il n'est pas un seul désir que vous ne puissiez satisfaire, pas un, vous m'entendez bien, et cela, à des prix relativement modérés.

A 10 heures, je vais me coucher dans une gracieuse cabine, et, après quelques bonnes heures de repos, je m'éveille le lendemain matin en vue de de Fall-River où nous devons prendre le chemin de fer qui nous conduira jusqu'à Boston. Après une heure passée en wagon, nous arrivons dans la première ville du Massachussetts.

Boston est une des plus anciennes cités de l'Amérique septentrionale : c'est là qu'a pris naissance le mouvement de l'indépendance : ville savante, éclairée : ses écoles sont renommées et elle possède des bibliothèques fort intéressantes. On y cultive aussi un peu les arts. Mais, pour le voyageur qui ne fait que passer, Boston n'a pas grand attrait : quand il a dépensé sa journée à visiter les édifices publics et les parcs, il n'a même pas la satisfaction de pouvoir se reposer le soir dans un bon fauteuil d'orchestre.

Nous quittons Boston dans la soirée et installés, moyennant un supplément de deux dollars et demi, dans un excellent *sleeping-car* après vingt heures de voyage pendant lesquelles nous saluons au passage d'importantes cités commerciales : Worcester, Springfield, Albany et Rochester, cette dernière, célèbre par ses minoteries, nous arrivons enfin à Niagara-Falls dont le monde entier parle avec enthousiasme.

Que de gens doivent envier mon sort, et combien de mes compatriotes vont, par une de ces épithètes énergiques, fort usitées dans notre Midi, me qualifier d'heureux mortel! Mais aussi, parmi ceux qui éprouvent de secrets désirs de parcourir le monde, combien pourraient le faire et ne le veulent pas. Les Français, et surtout les Marseillais, quand il s'agit de faire un voyage de quelques jours, soit en mer, soit en chemin de fer, trouvent toujours quelque cheveu qui les arrête : il leur semble que, hors de chez eux, il n'y a pas de salut. Ces habitudes casanières nous ont été funestes dans bien des circonstances. Si, comme nos voisins d'outre-Manche, nous eussions été plus aventureux, ce beau domaine du Canada, ce Niagara lui-même, nous appartiendraient encore : la Louisiane n'eût peut-être pas été vendue pour 80 millions par le premier Bonaparte, et, à cette heure, notre prépondérance en Amérique serait immense !

Mais revenons au Niagara et à Clifton-house, où tous les garçons parlent français et où on nous sert enfin un excellent déjeuner. Des fenêtres de ma chambre, qui a vue sur la rive canadienne, je découvre les cataractes et j'entends leur puissant grondement répété mille fois par les échos d'alentour ; la masse d'eau est si considérable que la chute ébranle tout l'hôtel : la porte de ma chambre, cependant bien fermée, bouge comme si quelqu'un cherchait à l'enfoncer ; je ne peux résister plus longtemps au désir de voir de plus près.

On a tellement entendu parler de ce merveilleux phénomène, que, à première vue, il produit un effet inférieur à l'idée qu'on a pu s'en faire : c'est, du reste, le propre de toutes les grandes choses ; n'éprouve-t-on pas le même sentiment en entrant dans la basilique de Saint-Pierre à Rome ? Mais, après quelques instants de recueillement, on est saisi : plus on observe, plus on se sent transporté d'admiration.

Ici, plus encore qu'ailleurs, on a besoin de se familiariser avec le bruit qui vous assourdit, avec l'immensité du site.

Le Niagara emprunte son nom à un mot iroquois qui signifie : « retentissante comme le tonnerre ; » ce n'est que le trait d'union entre le lac Érié et le lac Ontario ; l'île d'Isis le divise en deux branches au milieu desquelles s'élèvent d'autres petites îles ravissantes, sortes d'oasis qui résistent comme par enchantement à l'impétuosité des courants ; des quartiers de roches s'en détachent quelque fois et vont se réduire en poussière dans le gouffre insondable.

Ces deux branches forment la chute américaine et la chute canadienne : la première présente une ligne droite, tandis que la seconde, beaucoup plus considérable, longue d'environ 200 mètres, se contourne et se creuse en fer à cheval, ce qui l'a fait surnommer *horse-shoe*.

C'est par ces deux vastes brèches que le trop plein du lac Érié, évalué à 90,000,000 d'hectolitres par minute, vient se précipiter dans l'abîme qui n'a pas moins de 50 mètres de hauteur : si ces chutes ne sont pas les plus hautes que l'on connaisse, elles sont certainement les plus volumineuses : la force des eaux est telle qu'elle pourrait mettre en mouvement toutes les machines qui existent dans l'univers.

Devant ces prodiges de la nature l'homme est

anéanti : plus on les considère et moins on peut s'en séparer : les sensations qu'on éprouve sont inexplicables et on s'efforcerait en vain d'en rendre l'effet, fût-on peintre ou écrivain du plus grand talent.

Verdâtres à leur sommet, les ondes prennent au-dessous une teinte argentée, puis blanchâtre, et se précipitent dans l'abîme en avalanches d'écume ; à travers un nuage d'eau pulvérisée, l'arc-en-ciel étale ses plus vives couleurs ; du fond du gouffre écumant montent comme des grondements de tonnerre : c'est la voix de la cataracte qui chante l'hymne de la nature!

La rivière ne tarde pas à reprendre sa marche régulière, roulant majestueusement ses eaux d'un bleu sombre entre deux colossales murailles de roches granitiques recouvertes d'arbres et de plantes, dont la végétation puissante répond à l'ensemble de ce tableau féerique.

Vous parlerai-je aussi des émotions qu'on éprouve en traversant, sous un vêtement de gutta-percha, la cascade qui vous accueille par une large douche, du passage en bateau, du trou du Diable, de la grotte des Vents, des excursions dans les îles de la Chèvre et des Trois-Sœurs, entourées de rapides qui, comme affolés, semblent hâter leur course vers l'abîme ; du pont à deux tabliers, l'un pour le chemin de fer, l'autre pour les voitures et les piétons, pont suspendu à une hauteur de 75 mètres au-dessus de la rivière et qui n'est soutenu, sur une longueur de 250 mètres, que par des câbles en fils de fer tressés, attachés à deux piliers qui s'élèvent de chaque côté sur les bords taillés à pic, travail gigantesque, dans l'accomplissement duquel le génie des Américains semble avoir voulu lutter avec la grandeur même du Niagara ? Pour vous raconter tout cela en détail, pour vous dépeindre ces sites, ces merveilles, il faudrait une plume plus habile que la mienne.

Châteaubriand a habité ce beau pays, et je comprends maintenant que l'auteur d'*Atala et Réné*, vivant dans un pareil milieu, y ait puisé de si grandes pensées.

Mon compagnon est parti, moi je reste un jour de plus, car je veux contempler encore cet admirable spectacle que je ne reverrai probablement plus de ma vie; demain, du reste, arriveront ici des Français qui sont de mes amis et avec lesquels je continuerai ma route.

Nous irons à Montréal en passant par Toronto, Kingston, Prescott sur l'Ontario ; lundi nous serons à 4 heures du matin aux Mille-Iles, à 11 heures aux rapides du Saint-Laurent, à 3 heures au Saut-de-Chine et à 6 heures à Montréal : nous y resterons un jour ou deux ; de là nous monterons à Québec et nous descendrons ensuite par le lac Champlain, le lac Georges, Saratoga, Albany et l'Hudson jusqu'à New-York où je m'embarquerai le 15 du courant sur l'*Amérique*; le même paquebot qui m'a conduit ici il y a deux mois et demi, me ramènera au Havre.

DU NIAGARA A NEW-YORK.— LES GRANDS MAGASINS
DE NEW-YORK.
L'IMPRIMERIE DU *NEW-YORK-HÉRALD.*
LA FÊTE DU CENTENAIRE.

XII

New-York, 12 *Juillet* 1876.

EN quittant les Chutes, nous avons pris le chemin de fer jusqu'à la station de Niagara, où nous nous sommes embarqués sur le steamboat la *Southern-Belle*, pour traverser le lac Ontario.

La première escale se fait à Toronto, ville essentiellement anglaise, où on ne voit que des cordonniers et des chapeliers : c'est, paraît-il, la spécialité du pays.

On dit généralement, lorsque la mer est très-calme, qu'elle ressemble à un lac. Naviguez sur l'Ontario et vous douterez fort de l'exactitude de cette métaphore. L'Ontario a des fureurs qui ne le cèdent en rien à celles de l'Océan : nous en avons eu la preuve pendant cette première partie de la traversée ; aussi plusieurs de nos compagnons, fortement éprouvés, nous abandonnent-ils à Toronto, préférant gagner Kingston en chemin de fer.

Nous ne sommes que trois parfaitement décidés à braver les vagues agitées de cette véritable mer intérieure, et pour ne rien perdre du séduisant spectacle qu'offre le lac, nous prenons place sur le *Passport*, un bateau plus petit, mais très-convenablement aménagé.

La lune nous éclaire : la température est agréable et nous passons la nuit sur le pont. A cinq heures du matin, des bruits de chaines et de poulies se font entendre : nous sommes à Kingston, et nous retrouvons les amis qui nous ont quittés la veille.

C'est là que finit l'Ontario : on entre aussitôt dans le Saint-Laurent, mais sans s'en douter, car le fleuve est aussi large que le lac. Les lorgnettes sortent des étuis, et nous admirons tantôt un navire qui suit le courant, tantôt un énorme oiseau qui plane autour de nous ; tantôt les rives qu'on distingue à peine. Nous apercevons les Mille-Iles qui se détachent à l'horizon, et, peu à peu, nous arrivons au milieu de ces innombrables oasis ; on en compte dix-huit cents. Sous les rayons du soleil levant, on se croirait en face d'un décor de théâtre ; des chevaux et des taureaux blancs, jetés sur ces îles, paissent çà et là.

Nous laissons sur notre gauche Broockville, Prescott, où l'on remarque des vestiges d'établissements polonais, et l'île de Chimney, où restent encore debout quelques débris de fortifications françaises. C'est à Chimney que commencent les rapides du Saint-Laurent, formés par des inégalités de terrain et par la présence de rochers presque à fleur d'eau : il y a là un danger sérieux pour les navigateurs, et on a dû creuser des canaux latéraux afin d'ouvrir une route plus sûre aux navires marchands.

Nous passons devant Wadington, Charlesville, Cornwal, et Saint-Régis, petit village indien. Le Saint-Laurent devient alors tellement large qu'il prend le nom de *San-Francis-Lake* : la distance d'une rive à l'autre est de six milles, soit onze kilomètres.

Après avoir dépassé la ville de Lancaster, les rives se rapprochent tout à coup, puis s'éloignent de nouveau pour former le lac Saint-Louis qui reçoit, en face de la ville de Beauharnais, la rivière Ottawa ; en sortant de ce lac, nous entrons dans les rapides de la Chine : nous stoppons quelques secondes pour prendre à notre bord le pilote iroquois qui va guider le navire à travers ce passage redouté.

Toute notre attention se porte sur l'Iroquois qui, anxieux, l'œil fixé sur la proue, s'empare du gouvernail : le navire se penche en avant, et, malgré les roches invisibles, malgré le courant impétueux, nous franchissons le saut de la Chine. Un coup de barre donné à faux, un manque de force ou de présence d'esprit pouvait nous jeter contre les écueils qui nous entourent ; cet homme a tenu notre vie dans ses mains pendant quelques instants et nous n'avons compris le danger, auquel nous nous exposions volontairement, que lorsqu'il a été passé !

Montréal apparaît à l'horizon ; à l'entrée du port, le St-Laurent est traversé par un pont, Victoria Bridge, qui a vingt-sept arches : c'est le plus grand que j'aie vu après celui jeté sur le Mourdeck en Hollande. Le port de Montréal est loin d'être vaste, mais il est propre et bien dessiné ; il s'y fait un trafic considérable de bois et de minerais, dans l'intérieur de la ville, les maisons sont bien construites et les églises abondent : celle de Notre-Dame-de-Bon-Secours, qui date de l'occupation française, est la plus fréquentée.

Nous avons été chaleureusement accueillis ; voici en quels termes la *Minerve*, journal de Montréal, a raconté notre passage :

« M. le marquis de Rochambeau, M. Fouret
« de la Maison Hachette, M. Faure, représentant
« de la même Maison, M. de Wilde, membre du

« jury belge, et M. Paul Boude, industriel de
« Marseille, correspondant du *Petit Marseillais*,
« ont visité notre ville. Tous ces Messieurs nous
« ont parlé en termes flatteurs de ce qu'ils ont
« vu dans notre jeune pays ; ils ont été agréable-
« ment surpris de trouver en Canada un million
« de Français, pleins du souvenir de l'ancienne
« mère-patrie et vivant unis de cœur avec elle.
« Nous avons eu le plaisir de faire la connais-
« sance de ces Messieurs, qui laisseront d'excellents
« souvenirs parmi ceux qui les ont rencontrés à
« Montréal. Nous sommes toujours enchantés de
« voir au milieu de nous des Français : il nous
« semble que nous retrouvons des frères, car,
« entre Français et Canadiens-Français, il n'y a
« plus de différence dès que nous sommes en
« présence. »

N'est-ce pas une bien douce joie que de trouver de pareils sentiments de sympathie en pays si lointain et cela seul ne vaut-il pas tout le voyage ?

Nous quittons Montréal, et, après un trajet d'environ cent milles, toujours sur le St-Laurent, nous débarquons à Québec. Québec bâtie en 1600 par nos compatriotes est entourée de fortifications, les habitants parlent presque tous la langue française avec un fort accent normand. On se sent revivre au milieu de ces braves gens qui, placés sous la domination anglaise depuis plus d'un siècle, restent encore attachés par le cœur à la France et paraissent heureux qu'on leur parle d'elle !

Il y a un mois et demi qu'une partie de Québec a été brûlée : On peut encore voir les traces du feu, mais ces derniers restes de l'incendie s'effacent sous la main des constructeurs, et, dans quelques jours, il n'y paraîtra plus.

De Québec nous retournons à Montréal, et, sans même nous y arrêter, nous prenons le chemin de fer qui nous emporte à Albany en côtoyant le lac Champlain. A Ticonderoga nous quittons notre drawing-room et un steamboat nous fait traverser le lac George, une miniature que la nature a pris plaisir à lécher : c'est le lac de Thoune transporté en Amérique.

En débarquant, une voiture nous reçoit et nous conduit en deux heures à la station la plus proche : puis, le chemin de fer, dans un même laps de temps, nous dépose à Saratoga, la grande ville d'eau des Etats-Unis. Nous y passons la soirée logés au Congress-hall : beaucoup de monde, partout de la musique, ce ne sont qu'airs d'Offenbach et d'Hervé. Les dames vont et viennent des hôtels aux jardins et des jardins aux hôtels ; quand aux hommes, assis sur les terrasses, ils mâchent du tabac, crachent et mettent leurs pieds sur les balustrades aussi haut qu'ils le peuvent.

Non loin de là, le lac de Saratoga avec ses

eaux limpides : c'est la promenade habituelle ; on s'y rend en voiture ou à cheval et si on s'éloigne un peu des verdoyantes plaines qui l'entourent on se trouve au milieu de ces belles forêts que la main de l'homme n'a pas encore exploitées.

L'établissement des bains n'est pas remarquable ; mais ce qui m'a paru curieux, c'est un campement d'Indiens qui vendent des objets fabriqués par eux : des flèches, des arcs, des broderies. Bien qu'habillés à l'européenne, ce ne sont pas de faux Indiens peints ou maquillés : leur taille élevée, leurs traits grossiers, leur peau d'un rouge brun, leurs yeux rapprochés et leurs regards qui obliquent vers le nez, ne laissent aucun doute sur l'origine de ces hommes.

Le lendemain matin nous partons pour Albany où nous prenons enfin le bateau à vapeur qui doit nous ramener à New-York en suivant l'Hudson.

Ce que j'ai vu de plus beau, après les chutes du Niagara, c'est certainement les bords de l'Hudson ; depuis Albany jusqu'à Castkill, le fleuve est bordé par de coquets mamelons qui, tantôt fuient en décrivant une courbe gracieuse, tantôt reparaissent plus hauts et plus verts.

Castkill est bâti dans un site enchanteur ; au loin se détachent les montagnes du même nom formant un rideau sur lequel se repose agréablement l'œil fatigué par la réverbération de l'Hudson ; devant nous un somptueux hôtel en façade sur le fleuve ; que l'on doit être bien dans cette retraite, surtout si on vous y sert à la française !

A mesure que nous descendons, de nombreux villages plus riants les uns que les autres : Rhinebech, construit sur la crique d'Esope en 1614 et trois fois détruit par les Indiens, Po'Kiepsie, village indien. Nerwburg, Westpoint et bien d'autres dont les noms m'échappent.

Nous nous rapprochons de New-York : de riches maisons de campagne, construites sur des points accidentés, montrent leurs élégantes silhouettes ; à Irvington nous avons visité une de ces villas dont le luxe et le confort laissent bien en arrière notre château Talabot, et ce n'est pas peu dire pour qui connaît la bastide du Roucas-Blanc. La plus grande gaieté règne dans ces demeures ; on y pratique la plus large hospitalité ; ce sont toujours les demoiselles qui font les invitations et qui vous accueillent ; les parents restent discrètement à l'écart ; les invités ne se retirent qu'à une heure très-avancée, et s'ils préfèrent rester, ils trouvent toujours une chambre prête à les recevoir ; en un mot, ils sont chez eux.

Un peu avant d'arriver à New-York la rivière de Harlem vient mêler ses eaux à celles de l'Hudson : sur ses bords un essaim de petites maisons qui rappellent nos cabanons, car, il paraît que la passion du cabanon n'est pas seulement particulière à nos contrées.

Nous voici enfin à New-York, charmés, enchantés par la vue de toutes ces beautés, et, comme je n'ai plus que deux ou trois jours à rester en Amérique, je saisis avec empressement l'occasion qui m'est offerte de visiter plusieurs grands établissements industriels de la métropole des Etats-Unis.

Je commence par les magasins du fameux Stewart, cet Irlandais qui est mort, il y a quelques mois à peine, en laissant une fortune de 350 millions; le premier magasin est situé dans la basse ville, le second dans Broadway, à la hauteur de la dixième rue. Ce sont de véritables monuments dans lesquels une armée d'employés débite au public un nombre infini d'articles, tandis qu'une autre armée est occupée dans le sous-sol à passer les écritures ; vous pouvez entrer chez Stewart dans le simple costume de notre premier père, si toutefois la police veut bien vous le permettre, et vous en sortirez vêtu des pieds à la tête en parfait gentleman ; vous y trouvez de tout : de quoi meubler une chaumière ou un palais, à votre choix ; la recette journalière est de 300,000 francs.

Je remonte Broadway jusqu'à Union-Square et je vois les magasins de Tiffany et Cie; le hasard m'y fait rencontrer un ingénieur français, et, grâce à son obligeance, je peux examiner en détail toutes les merveilles qui sortent des ateliers de ces fabricants. Jusqu'à ce jour les dividendes sont ici moins brillants que chez Stewart, mais que m'importe. C'est le résultat industriel qui seul m'intéresse : du reste, en industrie, il faut souvent savoir attendre.

Après avoir visité le rez-de-chaussée, spécialement affecté aux ventes, je passe dans l'atelier des montres et de l'horlogerie : ensuite, je vois la taille des diamants, la fabrication des porcelaines, des bronzes, des objets de fantaisie en or et en argent; il y en a pour tous les goûts, pour toutes les bourses.

Je monte dans l'atelier de gaînerie, une véritable usine, qui emploie cent ouvriers et où sont confectionnés les écrins et les coffrets; il faudrait des heures pour examiner les perfectionnements apportés dans les machines dans le but d'économiser la main-d'œuvre. Avant de me retirer, l'ingénieur me fait descendre dans les caves : là se trouvent dans des compartiments numérotés des milliers de caisses ou de coffres avec des étiquettes et des inscriptions; ce sont les dépôts faits par les habitants de New-York qui sont à la campagne ou en voyage; moyennant une faible prime, perçue sur la valeur qu'il vous plaît de déclarer, on vous garde là vos bijoux et vos valeurs, sans se préoccuper de ce que renferme votre coffre, dont vous conservez vous-même la clef et que vous pouvez venir ouvrir à toute heure du jour, en présence d'un employé, pour y prendre ce dont vous avez besoin. Ces sortes d'établissements sont très répandus en Amérique.

Dans la soirée, on me propose de visiter l'imprimerie du journal le *New-York-Herald*, qui tire à 125,000 exemplaires. Ce tirage est obtenu dans une heure quarante minutes ! Cinq doubles presses Bullock vomissent chacune à l'heure 20,000 numéros de cet immense journal, qui n'a pas moins de cinq grandes feuilles d'impression, ce qui représente 20 pages et 120 colonnes. Tout cela est vendu quatre *cents*, soit vingt centimes.

La confection des clichés stéréotypiques exige 4,000 kilogrammes de plomb par jour.

Pour voir la façon merveilleuse dont se fait le plus grand journal du monde, j'ai passé une nuit entièrement blanche, mais je ne la regrette pas. Que de fois j'ai veillé pour employer plus mal mon temps !

Je dois, en terminant, vous dire quelques mots de la célébration du centenaire qui a eu lieu le 4 juillet.

Cette fête a été favorisée par un temps exceptionnel : le soleil, à cette occasion, a peut-être même fait un peu trop de zèle, car on a constaté une centaine de cas de mort par suite d'insolation. Au surplus, les revolvers se sont mis de la partie et ont procuré à une quarantaine de curieux la douce satisfaction d'avoir gravé, sur leur pierre tumulaire, la fameuse date commémorative.

Drapeaux, pétards, coups de canons, exhibitions grotesques de costumes de toutes sortes aux couleurs les plus variées, défilés de tous les ordres et de toutes les confréries, hurlements, hurrahs, cohue, rien n'a manqué, et tout cela arrosé de nombreux barils de whisky.

C'était une véritable bacchanale patriotique, et on se demande comment un peuple, d'habitude si froid, si réservé, si sérieux, peut, à un moment donné, se livrer à de pareilles extravagances. Après tout, cela n'a duré que vingt-quatre heures, et pourquoi ne pas pardonner à ce peuple un jour de récréation, après un siècle de ce travail opiniâtre qui l'a rendu si puissant et si grand ?

Cette lettre arrivera à Marseille presque en même temps que moi. Je ne vous dis donc pas adieu, mais à bientôt.

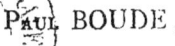

PAUL BOUDE,

Membre de la Société de Géographie de France et de l'Association Française pour l'avancement des Sciences.

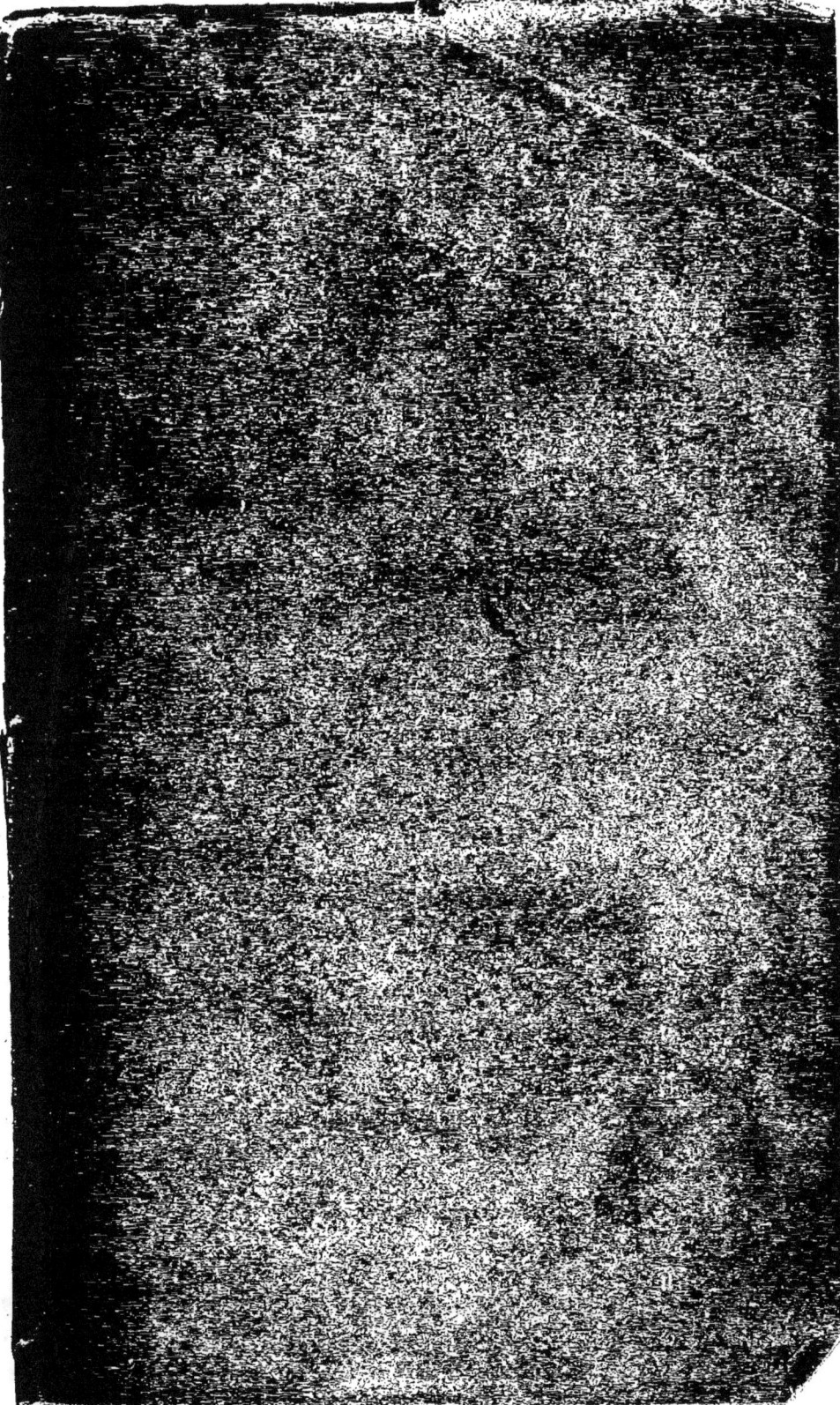

www.ingramcontent.com/pod-product-compliance
Lightning Source LLC
LaVergne TN
LVHW050555090426
835512LV00008B/1173